1990

M. G. Thomas
Thurrock Technical College, Grays, Essex

Export Marketing

Spanish

LONGMAN

IE **Recordings**
A set of 3 cassettes accompanies this book

In the same series
Export Marketing: French
Export Marketing: German

LONGMAN GROUP LIMITED
London
*Associated companies, branches and representatives
throughout the world*

First published 1978
ISBN 0582 35159 6

Printed and bound in Great Britain by
The Pitman Press Ltd, Bath

Contents

Acknowledgements

The initial planning of this course was due to the effort of Mr. F. W. Rosner who, when Head of the Department of Management and Business Studies at Thurrock Technical College, produced the scheme which has finally resulted in its publication. This, however, would not have been possible without the generous grant awarded by the Nuffield Foundation on the recommendations of Mr. Arthur Cooper and the Committee on Research and Development in Modern Languages, the support given by the Principal at the time, Mr. Ivor Williams, and Essex Education Committee.

The work undertaken by the two research lecturers Mr. Terence Rooney and Mr. Michael Johnstone, during the period 1967 to 1969, and the practical support and suggestions made by the CRDML Steering Committee (Miss M. L. Sculthorp, Dr. John Corbett, Mr. John Galleymore and Mr. Brian Tolmie) were extremely valuable.

I am deeply grateful for the constructive advice given by Lorenzo Peraile, Esteban Peraile, Jesús Díaz, Josefa Mosqueira, Paco Fernández, and Mari-Paz Smith, to Carol Newlyn for typing the material and for the very useful observations made by the staff and students of the following Polytechnics, Colleges and Companies who tested the pilot version of this course:

Escuela Oficial de Idiomas, Madrid
High Wycombe College of Technology and Art
Kingston Polytechnic
Sheffield Polytechnic
Woolwich Polytechnic
Shell International Petroleum Company Limited
Vickers Limited

Finally, I should like to thank Mr. J. H. Russell, Principal, and Mr. Jack Payne, Head of the Department of Management and Business Studies, for their support during the last stages of this project.

M. G. THOMAS

Introduction

This is not a language course in the traditionally accepted sense. It is, in fact, an attempt to meet one particular need, the provision of a training course in export marketing for students with a reasonable working knowledge of Spanish. It is envisaged that it will be suitable for students attending full-time, part-time, sandwich or 'crash' courses in International or Export Marketing at Universities, Polytechnics, Regional Management Centres, Institutes of Higher Education and Technical Colleges.

The course deals principally with the methods and techniques used in relations with Spanish-speaking buyers and distributors and is designed to provide future export representatives, or those seconded from industrial organisations, with the means of operating effectively in Spanish.

The greatest difficulty in preparing the material was to meet two interdependent yet divergent objectives, namely to cater on the one hand for students with a good knowledge of Spanish but a limited knowledge of export marketing techniques, and on the other for those students, either actively engaged in export work or shortly to enter this field, with a more limited ability in the language. Consequently, the material has been prepared in such a way that both groups have been considered.

With this apparent dichotomy in mind the subject matter has been introduced in the form of a series of discussions on sales negotiations and techniques; the appropriate registers introduced, though to a certain extent inevitably empirical, are those which have been accepted by the Asociación Profesional Española de Traductores e Intérpretes regardless of whether they may include neologisms or the 'hispanización' of foreign words.

The discussions, with the exception of the first unit, are followed by 'cases', which are simulated interviews between sales representatives and clients – the assistant buyer, the buyer and agents. The purpose of introducing this feature is that the 'cases' permit the students to derive a greater insight into the problems of the export field while allowing them, in the follow-up role-playing exercises, to experience the sense of solitariness of the representative abroad endeavouring to negotiate in a foreign language! Also they enable students to have the opportunity of applying to specific practical problems the theoretical concepts which have been previously studied and to analyse by active participation a process that they will experience 'in the field'.

We have deliberately included (in Unit 2) a relatively elementary and preliminary level of selling activity, i.e. 'getting through the outer line of defence', the reception area, in order to set the student off realistically at the start of the process of overseas selling.

Similarly, with the intention of mirroring the real situation, we have included from the start unsuccessful 'cases' which illustrate incorrect or misapplied techniques. These serve a double purpose. First they provide an opportunity for the student to consider the actual techniques and to correct them for himself. Second they provide a basis for discussion. Even the experienced representative using the course and knowing why a 'case' has failed will benefit considerably from discussing this in Spanish.

The course has been used with very heterogeneous groups of students. It has been used with 'crash' courses of 3 and 4 weeks' duration, and over more extensive periods with full-time students on Business Studies Courses. Although it has proved more effective when used with tape recordings, it can and has been used very satisfactorily without.

On the basis of our experience in using these materials over the last ten years, we feel confident that they go at least some way towards meeting the language needs of those in export marketing.

M. G. THOMAS

Content and Method

Content

The course material consists of thirteen units; each one deals with a specific phase of export marketing, ranging from the role of the sales representative to establishing an overseas agency.

The vocabulary used is essentially within this predetermined context. It has been assumed that the student will start with 'a reasonable working knowledge' of Spanish, which for our purposes we define as the ability to take part in social and business conversation, i.e. roughly the level the student would have attained after studying the Ealing Course in Spanish, or taking at least the London Chamber of Commerce Intermediate examination in Foreign Languages for Industry and Commerce.

During the extensive experimental period students found that certain words and expressions proved difficult, some because of their commercial nature, others because of their colloquialness, and so these have been included, for the purpose of speeding up general comprehension, in the vocabulary list given at the end of each section.

With the exception of Unit 1, which has no 'cases', each unit consists of six sections:

1 A general introduction which presents the subject matter of the unit.
2 A dialogue, between the Spanish manager of an international export company in Britain and a recently appointed member of the Sales Division, in which each phase of export marketing is discussed.
3 A series of exercises based on the content of the dialogue.
4 A case or series of cases to illustrate the particular phases dealt with in the dialogue.
5 A further series of exercises including reconstructions of the cases and, in the later stages, role-playing.
6 A list of words and expressions related, either seminally or conceptually, to the export terms used in the cases and followed by another exercise designed to practise them in as realistic a way as possible.

Finally, at the end of the book there is a reference section from English to Spanish of expressions which have either previously occurred in the course or which are slight modifications of them (**Una lista para su**

cartera). Although they are listed under specific headings they have been included because of their usefulness in a wide number of related situations.

Method

Because of the nature of the course content (role-playing etc) it is recommended that Spanish should be used at all times as the teaching medium and the following suggestions are made for exploiting the various sections of each unit. Inevitably teachers will modify and adapt the material to suit their own personal needs and those of their students. It is very rare for two people to teach alike with the same material, and with this thought very much in mind these recommendations are included without the intention of dogmatising, but simply to show how the course has been used at Thurrock.

The **Introducción** is a presentation of the subject matter of each unit and may be used to serve as an introductory discussion point, or a bridging technique between units, to remind students of the chronological sequence of the selling phases. It has been found that many useful discussions have arisen from this section in spite of its purely introductory function.

The **Diálogos**, which are recorded, are a series of discussions between the Spanish manager and the export trainee and trace the development of export techniques from pre-approach to closing and follow-up in Spanish and Spanish-American markets. Every effort has been made to focus attention on pitfalls and difficulties which the export representative is likely to encounter and which can result from inadequate preparation, unfulfilled promises and insufficient control of and liaison with local agents. Their purpose is to present the selling techniques and appropriate terminology so that students may accustom themselves to learning how to operate them in the target language. This may be done by listening to the tape, either in the classroom or language laboratory, during which time notes may be taken – comprehension being the prime objective.

The **Cuestionario** after each dialogue has a dual function – to make the students practice the lexical and structural content and demonstrate their comprehension and ability to analyse the sales process in question.

The exercises which follow, **Charla**, **Para Discutir**, **Situación** and **Ejercicio de Evaluación** complement the *Cuestionario* and are included in order to stretch the students linguistically and to increase their involvement.

The **Casos**, which are also recorded, illustrate particular techniques which have been discussed in the *Diálogo* and vary in number in each unit. Some are positive, others negative, but the function of both, in conjunction with the related exercises, is to stimulate the student's initiative. The exercises belonging to this section fall basically into four categories: analysis, role-playing, inquests on role-playing and sales reports.

The purpose of the **Análisis del Caso** is to allow the students to discuss the success or failure of the case and to offer alternatives to the behaviour of the representative as depicted. At the same time their active participation must be encouraged in order to allow them to express and develop their own opinions on the problems and techniques concerned.

The **Ejercicio de Reconstrucción** is confined to negative cases and it is the function of the students to correct the wrongly applied techniques of the representative.

The **Reconstrucción del Caso** offers the students the opportunity of acting out a successful situation and modifying it by introducing certain points to be practised which are enumerated in the exercise.

The *Ejercicios de Evaluación* are similar in function to those which supplement the *Cuestionario*, but here they are introduced as follow-up material relating directly to the *caso* in order to reinforce the relevant sales method.

From Unit 10 onwards an **Ejercicio de Simulación** is included. This exercise demands a lot of preparation by the students, as they are expected to prepare a full-scale interview, enact it using the relevant techniques and finally analyse their own weaknesses and strengths of performance.

The use of a tape-recorder during this stage will prove useful in order to record the 'interview' so that the participants may suffer the traumatic experience of hearing their own inadequacies painfully exposed or, hopefully, their successful presentation. However, care must be taken and reassurance given if this method is to be used, even though the 'representatives' will have the opportunity to defend their actions during the *Encuesta*. Experience shows that these sessions prove to be both lively and instructive.

Sales Reports, **Informes**, with a simple format, are introduced from Unit 11 and are the only written exercises contained in the course. They, too, are included as another means of analysing and classifying the content of the appropriate case.

Finally, after the **Glosario de Términos Relacionados** at the end of each unit, there is a follow-up exercise which is designed to encourage the students to use the related terminology in the context of previously studied material, namely by asking them to synthesise, or as occurs in several units, to follow up a case which has already been discussed.

Unidad 1

El papel del representante

Introducción

Actualmente el vendedor o representante desempeña un papel muy importante en nuestra sociedad: el de poner en contacto producción con consumo. Hoy en día uno no se limita a vender lo que produce, sino que produce lo que puede vender, y el arte de vender es un aspecto de este concepto – 'marketing'.

Existen, desde luego, prejuicios contra el acto de vender y contra los que venden. Hay que disipar tales prejuicios y evidenciar que el representante de hoy en día rinde servicios indispensables en la vida comercial actual y que ya no es el mercachifle de antaño. A través de su buen conocimiento profesional, de conocer su negocio, así como de la aplicación adecuada de los métodos de venta más modernos, el vendedor de hoy puede alcanzar cierto éxito. Pero este éxito puede ser aun mayor si el representante que trabaja en un mercado de habla española sabe expresarse, negociar y vender usando el idioma de estos países.

Escuche ahora la conversación entre un aspirante y un director de ventas. Tome algunas notas; le ayudarán a contester a las preguntas del final de la discusión.

Vocabulario
desempeñar un papel   *to play a part, a role*
el mercachifle   *undesirable salesman*

Diálogo

En la oficina del director español de una compañía internacional exportadora en Inglaterra que recibe a un nuevo empleado en la división de ventas.

SR MARTÍNEZ   Bueno, ya sabe por qué pedí a su jefe que estuviese Vd. libre esta tarde, ¿no?

SR ROJAS   Pues, sí, me dijo que Vd. quería pasar por lo menos un par de horas conmigo cada semana para discutir la operación exportadora de la compañía.

SR MARTÍNEZ   Eso es. Vd. no lleva mucho tiempo trabajando aquí y quiero discutir con Vd. las técnicas que va a usar como representante con nosotros. Y no olvide que hay tantísimas cosas que aprender para ser eficaz en esta profesión.

SR ROJAS   Ya entiendo.

SR MARTÍNEZ   Por eso me gusta tener a la vista los nuevos representantes del equipo español-latinoamericano. ¿Entendido?

SR ROJAS   Sí, y francamente me alegro de que me dé la oportunidad de hacerle algunas preguntas sobre las técnicas exportadoras.

SR MARTÍNEZ   Vale, pero antes de empezar, se me ocurre una cosa personal. ¿Cómo es que Vd. es completamente bilingüe?

SR ROJAS   Ah, creía que Vd. sabía que mis padres son de Valladolid y que vinieron a Inglaterra cuanda era niño.

SR MARTÍNEZ   Ya veo por qué Vd. habla tan bien el castellano, y le va a ser muy útil también. Pues bien, cuando quiera procuraré contestar a sus preguntas.

SR ROJAS   Primero, ya he notado que la profesión de vendedor no goza de una buena reputación. ¿Qué opina Vd.?

SR MARTÍNEZ   Debo admitir por desgracia que existe, de hecho, tal prejuicio en cuanto al 'arte de vender' como profesión y que el público en general cree que el único objectivo es vender a toda costa. Otros opinan, y es una crítica muy corriente, que los vendedores o representantes no *skill* tienen ninguna pericia que puede compararse con la de un ingeniero o científico, por ejemplo.

SR ROJAS   Pero a mi ver esto es injusto.

SR MARTÍNEZ   Sí, lo es, porque las disciplinas de vender comprenden destreza de un nivel muy alto y no es un proceso de optimismo casual, en absoluto. Y, paradójicamente, incluso hay ciertos patronos que consideran que sus representantes ocupan un puesto inferior en la compañía. Sin embargo, la función de vender es muy importante y lo que pasa es que no valoramos suficientemente su utilidad.

SR ROJAS   Y, ¿cómo definiría Vd. esta función? Es que me parece que el acto de vender es sólo una pequeña parte del proceso.

SR MARTÍNEZ   Eso es efectivamente. El vendedor o representante presta servicios indispensables en la vida comercial moderna y sirve de intermediario entre su patrono – el fabricante – y su cliente – el consumidor o usuario-y atiende a las necesidades de ambos. Por un lado informa a su patrono sobre las demandas actuales y futuras del mercado, y por otro lado aconseja al cliente sobre las últimas novedades e inovaciones en el mismo.

SR ROJAS   Pero, ¿puede Vd. explicarme por qué el comprador no se pone en contacto directamente con todos los fabricantes para adquirir lo que necesita?

SR MARTÍNEZ   Porque si actuase así el comprador no tendría ni el tiempo ni la energía necesaria para visitar todas las firmas que pudieran ofrecerle una gama extensa de un producto determinado. De la otra forma el comprador espera que un gran número de representantes le visiten a fin de mantenerle al corriente de los últimos cambios de precios y de los adelantos más recientes en la producción.

SR ROJAS   No cabe duda de que el representante le presta grandes servicios al comprador pero si los compradores dependen de estos servicios, se lo deben de agradecer a los representantes, ¿no?

SR MARTÍNEZ   De ningún modo. No se trata de agradecimiento, porque desde hace muchos años vivimos en un mercado de compradores.

SR ROJAS   Sí, y en tal situación económica el comprador ocupa la posición más favorable respecto al representante.

SR MARTÍNEZ   Claro, porque la oferta es mayor que la demanda. Es decir que, en un momento determinado, una gran cantidad de mercancías están listas para la venta, pero no pueden ser distribuidas fácilmente por exceder a la capacidad adquisitiva del mercado.

SR ROJAS   Y, al revés, particularmente en ciertos mercados latinoamericanos, ¿no?

SR MARTÍNEZ   Exactamente. En una situación de monopolio, por ejemplo, en la cual el comprador se encuentra a merced de uno o varios fabricantes que controlan el mercado e imponen los precios y condiciones de venta y entrega.

SR ROJAS   Y un mercado de vendedores puede también ocurrir en tiempo de guerra o durante una huelga, ¿no?

SR MARTÍNEZ   Sí, cuando las entregas de mercancías están paralizadas o drásticamente reducidas. En estas circunstancias el comprador dependerá enteramente de la buena voluntad del proveedor, y para nosotros es una situación siempre muy difícil para entrar en un mercado que ya existe artificialmente.

SR ROJAS   Dado que existe una competencia tan enorme me parece que el vendedor debe aprovecharse de todos los medios posibles para conocer el mercado si quiere tener éxito.

SR MARTÍNEZ   Exactamente. El representante debe conocer a fondo todos los aspectos de su profesión. Debe conocer por completo todo lo que vende y también los productos que le hacen la competencia. Debe comprender la mentalidad humana y usar los métodos de venta más apropiados. De esta manera, y siempre que su producto sea aceptable, el representante de hoy obtendrá el éxito deseado.

SR ROJAS   Sí, ya entiendo.

SR MARTÍNEZ   Pero espere, hay que darse cuenta también que trabajando en España o en la América Latina va a hallarse en países donde las costumbres, la comida, el clima y, lo que es aun más importante, las condiciones sociales y económicas serán diferentes.

SR ROJAS   Desde luego.

SR MARTÍNEZ   Por ello tendrá que adaptarse a un temperamento más individualista en los encuentros con sus clientes. Y, lo que le va a costar mucho trabajo, es que estando en el extranjero no le será nada fácil ponerse en contacto con su jefe de exportación si se encuentra en un apuro imprevisto; esto le haría perder mucho tiempo.

SR ROJAS   Me lo imagino.

SR MARTÍNEZ   Así es que necesita poseer un sentido especial para actuar sin previsión, lo que quiere decir que, por ejemplo, en ciertas situaciones debe darse cuenta de la diferencia que hay entre el precio por el que puede servir las mercancías y los servicios que necesitan sus clientes, y los precios del mercado.

SR ROJAS   Y esto supone que al representante le hace falta la habilidad de tomar decisiones, y también entusiasmo, ¿no?

SR MARTÍNEZ   Efectivamente sí. Además de tomar decisiones debe poseer siempre entusiasmo para proveer ese servicio, entusiasmo que se refleja en los mejores métodos del arte de vender y que comprende una manera de comportarse que incluye obrar con tacto, ser siempre diplomático y nunca olvidar que es el intermediario entre su empresa y el cliente.

SR ROJAS   Bueno, señor, muchas gracias por su ayuda y espero tener la oportunidad de volver a verle muy pronto.

SR MARTÍNEZ   Entonces quedamos para el miércoles a la misma hora. Adiós.

Vocabulario
la pericia   *skill, expertise*
el usuario   *consumer*
la gama   *range (of goods)*
la huelga   *strike*
la entrega   *delivery*
el apuro   *troublesome (sticky) situation, a 'fix', 'spot'*

Cuestionario

Conteste oralmente a las preguntas siguientes basadas en el diálogo usando las expresiones y términos después de cada pregunta.

1   ¿Por qué piensa Vd. que la profesión de representante no goza de una buena reputación?
prejuicios – opinión del público – vender a toda costa – no hay disciplina intelectual

2   ¿Cuál es la función de un representante?
presta servicios – sirve de intermediario

3   ¿Qué servicio presta al comprador?
ultimas novedades – inovaciones – gama extensa del producto

4   ¿Qué servicio presta a su patrono?
demandas actuales del mercado

5   ¿Qué significa la expresión 'mercado de compradores'?
situación económica – oferta mayor que demanda – mercancías listas para la venta

6   ¿Qué significa la frase 'mercado de vendedores'?
comprador se encuentra a merced de – control del mercado – imponer precios y condiciones – mercado difícil de entrar

7   Cite algunos ejemplos de las circunstancias que provocarían un mercado de vendedores.
puede haber – huelga – guerra – entregas reducidas

8 ¿Cuáles son las cualidades personales necesarias en un buen representante?
   conocer a fondo – productos de su firma y competencia – metodos de venta apropiados

9 ¿Qué dotes suplementarias debe poseer el representante de exportación?
   debe adaptarse – actuar sin previsión – tomar decisiones

Charla

Describe oralmente las dificultades del representante operando en el extranjero. Refiérase a los puntos siguientes pero ámplielos:

1 Costumbres	2 Idioma
Comida	Lejos de base
Clima	Apuro imprevisto
Condiciones sociales	Manera de com-
Condiciones económicas	portarse
Modo de vivir	Obrar con tacto
Temperamento	Darse cuenta de su
	función de intermediario

Glosario de términos relacionados

La huelga:

el huelguista	*striker*
estar en huelga	*to go on strike*
declarar una huelga	*to call a strike*
declararse en huelga	*to come out on strike*
desencadenar una huelga	*to trigger off a strike*
una huelga de brazos caídos	*a sit-down strike*
una huelga simbólica	*a token strike*
una huelga relámpago	*a lightning strike*
una huelga de trabajo lento	*a go-slow strike*
una amenaza de huelga	*a strike threat*

La entrega:

la nota/el talón de entrega	*delivery note*
el plazo de entrega	*delivery time*
los gastos de entrega	*delivery costs*
abastecer, suministrar, proveer	*to supply*
despachar, enviar, expedir	*to forward*
efectuar la entrega	*to effect delivery*
aceptar la entrega	*to accept delivery*

Práctica

Explique por qué su compañía no ha podido efectuar una entrega –
debido a una huelga. Use las expresiones siguientes y la lista de términos
para disculparse:

lo siento . . .
ha habido . . .
situación inesperada . . .
por eso esperamos . . .

dentro de . . .
con tal que . . .
y así es que recibirán . . .

Unidad 2

La primera línea de defensa

Introducción

Acabamos de examinar la importancia del vendedor en nuestra sociedad. Veamos ahora los problemas que Vd., como representante, hallará en el extranjero. Primero, nos encontraremos con el problema del idioma. Aunque domine perfectamente el idioma del país en donde trabaja, en este caso el español, nunca estará al corriente de todos los matices de su uso. Segundo, operará lejos de su base y su estancia será siempre limitada. Habrá fijado de antemano la mayoría de sus entrevistas, pero algunas veces llegará sin previo aviso. En cualquier caso, se verá obligado a aprovechar su estancia al máximo y, por ello perderá su tiempo tanto si explica las características y ventajas de su producto a la secretaria como al ayudante del comprador. Debe tener muy en cuenta que quien le puede conceder el pedido es el comprador, y el motivo de su visita es entrevistarse con él.

Las cámaras de comercio, el departamento de exportación gubernamental, y el agregado comercial de la Embajada apropiada pueden ayudar a su empresa en el estudio del mercado allí, pero es papel del representante decidir si vale la pena mantener la relación o no. Y, desde luego, durante el poco tiempo que vaya a pasar allí debe hacer todo lo posible para arreglar unas visitas satisfactorias. Por ello debe trabajar rápido y con iniciativa.

Vocabulario
el matiz   *shade of meaning, nuance*
el agregado   *attaché*

Diálogo

SR ROJAS   Señor Martínez, el otro día estuvimos hablando en términos generales de la misión del representante. Ahora ya entiendo el importante papel que desempeña en la economía actual, pero ¿cuáles son sus problemas en la práctica, al considerar una venta en particular?

SR MARTÍNEZ   Bien, es éste un tema muy extenso. Vd. habrá notado que siendo un representante de esta compañía su función primaria, al igual que la de sus colegas, es vender nuestros productos.

SR ROJAS   Sí.

SR MARTÍNEZ   De ahí que deba Vd. tener en cuenta que todo logro causará provecho tanto a Vd. como a la compañía y a nuestros clientes. Pero como Vd. ya sabe, lo esencial de su trabajo para lograr la venta es hablar con el comprador en persona, y para conseguir eso debe Vd. traspasar las líneas de defensa con las cuales éste se rodea a propósito.

SR ROJAS   Ya; pero si se ha fijado la entrevista de antemano ¿por qué habla Vd. de 'líneas de defensa'?

SR MARTÍNEZ   ¿Ha visitado Vd. una firma sin tener una entrevista previa?

SR ROJAS   Pues no, todavía no.

SR MARTÍNEZ   Entonces, fíjese. Si a todos los representantes que visitan una firma se les permitiera llegar hasta el comprador, éste no tendría ni un momento de reposo. Y puesto que de todas las mercancías que se le quieren mostrar sólo, quizás, un 10 por ciento de ellas son de interés para él, es labor de estas líneas permitir el acceso únicamente a un porcentaje muy pequeño.

SR ROJAS   Ah, ya entiendo, pero ¿quiénes forman estas líneas?

SR MARTÍNEZ   La primera línea es la recepcionista o quizás el portero, quienes no tienen gran responsabilidad, pero pueden cerrarle la puerta si quieren. Por eso nunca debe menospreciar bajo ningún concepto esta 'línea de defensa'.

SR ROJAS   Jamás habría pensado que un empleado de éstos pudiera tener tanta autoridad.

SR MARTÍNEZ   Sin embargo es así. Tienen la obligación de impedir el paso.

SR ROJAS   Entonces, ¿cómo se actúa para 'romper' esta línea?

SR MARTÍNEZ   En primer lugar estudie a la persona con quien habla. Hágase preguntas sobre su edad, carácter y apariencia. En cualquier caso estas observaciones le ayudarán a actuar.

SR ROJAS   Si no entiendo mal, Vd. quiere decir que el método puede variar según la persona, ¿no?

SR MARTÍNEZ   ¡Claro que sí! En el caso de que sea una mujer, utilice el mismo método. Sea cortés, paciente, pero firme y siempre compórtese caballerosamente con ella.

SR ROJAS   Evidentemente hay que cambiar de táctica cuando se trata de un hombre.

SR MARTÍNEZ   Sí. Tiene Vd. que deducir rápidamente cuál es su medio social. Es posible que sea militar o guardia retirado. En este caso estará acostumbrado a dar y tomar órdenes. Por lo tanto si Vd. le deja entrever que necesita ayuda, le dará una impresión de flaqueza y casi seguro que no le dejará pasar. Si se dirige a él tímidamente le tratará como a un recluta. Por eso lo mejor es hablar con autoridad y firmeza. Sea lo que fuere, Vd. no debe provocar una respuesta negativa, aunque necesite fanfarronear un poco.

SR ROJAS   ¿Quiere darme un ejemplo?

SR MARTÍNEZ   Si le pregunta, '¿Tiene Vd. concertada una entrevista, señor?',

Vd. no debe contestar simplemente, 'No', sino, 'Acabo de llegar de Londres. Mi tiempo es muy limitado, pero me hice el firme propósito de visitarles a Vds.' etc., etc. Así dará una impresión de urgencia. Pero nunca trate de dar la impresión de que las muestras de su compañía podrían interesar al comprador ni de que la recepcionista o portero debe dejarle entrar porque su jefe se alegrará. Habrán escuchado todas estas historias muchas veces y para ellos será la misma canción.

SR ROJAS   Se me ha dicho también que, de vez en cuando, se utiliza la propina para conseguir pasar. ¿Cuál es su opinión sobre este método?

SR MARTÍNEZ   Depende. El representante nunca debe dar la impresión de soborno, pero, de vez en cuando, las propinas pueden ser útiles, sobre todo en los países donde forman parte de la vida cotidiana. Y en este caso sabrá Vd. en cuanto llegue.

SR ROJAS   Entonces, aunque el vendedor presta grandes servicios al comprador, éste tiene que protegerse y para ello es por lo que se rodea con estas líneas de defensa.

SR MARTÍNEZ   Así es. Porque si cada representante tuviera acceso immediato al comprador, éste no dispondría de tiempo para cumplir con todos sus deberes. Trata también de dar la impresión de que selecciona a los representantes que ve, y que no quiere ver a todo el mundo. De esta manera, él es el que fija la hora de cada entrevista y así se coloca en una posición de superioridad con respecto al representante. Además, no quiere perder su tiempo hablando de productos que no le interesan.

SR ROJAS   Claro. Pero, con permiso señor, hablando de tiempo, ¿podríamos continuar mañana? Es que mi jefe quiere que asista a una conferencia esta tarde y ya son las tres y media.

SR MARTÍNEZ   ¿Cómo no? y si puede volver mañana pida a mi secretaria que lo apunte en mi agenda.

Vocabulario
de ahí que   *with the result that, hence*
menospreciar   *to belittle, to underestimate*
fanfarronear   *to boast, brag*
la misma canción   *the same old story*
el soborno   *bribery*

Cuestionario

Conteste a las preguntas basadas tanto en la introducción de esta unidad como en el diálogo.

1   ¿Cuáles son los dos problemas principales del representante en el extranjero?
idioma – matices de su uso – estancia limitada

2   ¿Qué entiende Vd. por 'La primera línea de defensa?'
el personal – recepcionista, portero

3   ¿Para qué sirve esta línea de defensa?
es labor – acceso – de interés – impedir

4   Al ver a la recepcionista por primera vez, ¿cómo actúa Vd.?
  hágase preguntas – usar observaciones – sea cortés – compórtese
5   ¿Cómo varía su conducta con arreglo al portero?
  deducir medio social – hablar con autoridad – no sea tímido
6   Imagínese que Vd. llega sin haber fijado una entrevista de antemano.
  ¿Cómo contestaría Vd. a la pregunta de la recepcionista,
  '¿Tiene Vd. concertada una entrevista, señor?'?
  acabo de – tiempo disponible limitado – aprovecho estancia
7   ¿Es ventajoso utilizar las propinas?
  puede que – pero depende de – vida cotidiana – en cuanto atraviese
  frontera
8   ¿Por qué es esencial hablar con el comprador mismo?
  es el único – conceder el pedido
9   ¿Por qué quiere el comprador mantener a distancia al representante?
  sólo un pequeño porcentaje – de interés – por eso selecciona

Para discutir

Cuando se llega a una compañía en España sin tener una entrevista
previa describa cómo uno debe comportarse para pasar por la primera
línea de defensa. Puede ayudarse con las expresiones siguientes:

1   responsabilidad de la recepcionista o del portero:
  cerrarle la puerta
  nunca menospreciar
  obligación impedir
  estudiar a la persona
  hacerse preguntas

2   comportamiento:
  respuestas negativas
  fanfarronear
  urgencia
  evitar impresión . . .
  muestras . . . interesar al comprador
  propinas
  ¡cuidado!

Caso 1

Un joven representante se encuentra delante de las oficinas de una
importante empresa de ingenieros industriales en Bilbao. No tiene
concertada una entrevista, pero está convencido de que existen
posibilidades para su producto. Se dirige a la recepción.

REPRESENTANTE   Buenos días, señor.
PORTERO   Buenos días, ¿En qué puedo servirle señor?

REPRESENTANTE   Estoy buscando a alguien que pueda interesarse por estos productos. Mire Vd. este folleto. Como verá, éste es el último modelo de conmutador industrial, de un diseño muy adelantado. Me parece que podría interesar a alguien aquí en su empresa.

PORTERO   ¿Tiene Vd. pedida una entrevista, señor?

REPRESENTANTE   No, pero pensaba que tal vez sería posible . . . .

PORTERO   Lo siento, pero no recibimos a los representantes sin una cita previa.

REPRESENTANTE   Le aseguro que es un producto que interesará mucho a su jefe.

PORTERO   Le repito que mi director no recibe a nadie sin previo aviso.

REPRESENTANTE   Espere un momento, amigo. Tómese Vd. algo por mi cuenta.

PORTERO   Oiga. Mi jefe me paga bien y también conozco mis instrucciones.

REPRESENTANTE   ¿Vd. se da cuenta de lo que hace? Yo podría causarle muchos trastornos si contase esto a su jefe.

PORTERO   Entonces tendrá que hacerlo por teléfono. Adiós.

Vocabulario
el conmutador   *electric switch, battery switch*
el trastorno   *upset, complication*

Análisis del caso

Conteste a las preguntas siguientes usando y variando las expresiones después de cada una.

1   ¿Cuál es el primer error que comete el representante?
    Explicar – mostrar características.
2   ¿Cómo habría contestado Vd. a la pregunta, 'Tiene Vd. pedida una entrevista, señor?'
    Estar en Bilbao solamente – hacerse propósito.
3   ¿Cuáles son los dos errores que el representante comete después de verse frustrado?
    Tratar de convencer – insistir en repetir – soborno.
4   Después de ofrecer una propina, ¿qué otro error comete el representante?
    Amenazar – perder amor propio.

Ejercicio de Reconstrucción

Imagínese que Vd. es el joven representante. Conteste al portero usando el guión si quiere.

1   PORTERO   ¿En qué puedo servirle, señor?
    REPRESENTANTE   Quiere comunicar a. . . .
                Soy . . . y represento. . . .
                Llegué aquí. . . .
                y tengo que volver. . . .
                ya sé que. . . .
                pero en este caso. . . .

2 PORTERO   Lo siento, pero no recibimos a los representantes sin una cita previa.

REPRESENTANTE   Ya entiendo perfectamente. . . .
si hubiera podido. . . .
pero con poco tiempo. . . .
no quise volver sin. . . .
quise aprovecharme. . . .
para saludarle. . . .

Caso 2

REPRESENTANTE   Buenos días, señor.

PORTERO   Buenos días.

REPRESENTANTE   ¿Tendría Vd. la bondad de comunicar a su director técnico que he llegado? Mi nombre es Davis, de la casa Fabrex Products en Londres. Me quedo solamente un día en Bilbao y estoy seguro de que me querrá ver.

PORTERO   Haré lo que pueda para ayudarle, señor, pero no sé si el director técnico está libre. No sé si se encuentra en una conferencia.

REPRESENTANTE   ¿Sería Vd. tan amable de explicarle que tengo que tomar el avión para París esta tarde? En estas circunstancias quizás me pueda conceder algunos minutos antes del almuerzo.

PORTERO   Normalmente no es posible pero, vamos a ver qué se puede hacer.

REPRESENTANTE   Ya comprendo, pero si se tratara de un caso normal, no me atrevería a pedir una entrevista sin haber solicitado permiso antes.

PORTERO   Un momento, señor. Le conduciré a su secretaria particular.

Análisis del caso

Use el guión pero exprese sus propias opiniones.

1   No es siempre aconsejable adoptar una actitud autoritaria al hablar con los porteros. ¿Por qué?
Nunca ofender – observar su actitud – manera de contestarle a Vd. – la cortesía gana más.

2   ¿En qué circunstancias sería mejor adoptar una actitud más diplomática?
Si Vd. estudia al portero – puede que él haga lo mismo – obrar con tacto – no olvide responsabilidad para su firma.

Reconstrucción del caso

1   Hable Vd. por el representante practicando primero con el texto y después sin él.

2   Ahora hable Vd. por el representante pero variando sus respuestas.

Caso 3

Un joven representante se encuentra delante de la recepcionista, de apariencia muy simpática, de una empresa industrial. Note Vd. sus errores.

REPRESENTANTE   Buenas tardes, señorita. ¿Podría ver al Sr. García?

RECEPCIONISTA   Lo siento mucho pero no se le puede molestar ahora bajo ningún pretexto. Se encuentra muy ocupado.

REPRESENTANTE   Pero, ¿puedo pasar por aquí por la tarde?

RECEPCIONISTA   Imposible, señor, tiene otra entrevista y estará ocupado hasta muy tarde.

REPRESENTANTE   ¡Díos mío! Esto es muy serio para mí. Si no logro verle ahora, todos mis planes se derrumbarán. Tengo que salir para Barcelona esta tarde y hasta ahora he tenido muy mala suerte. ¿No podría Vd. echarme una mano?

RECEPCIONISTA   Lo siento, pero sin una entrevista no puedo ayudarle. Para la próxima vez le aconsejo que escriba con antelación, solicitando una entrevista. Adiós. Buenas tardes.

Vocabulario
derrumbarse   *to collapse, break down*
con antelación   *beforehand*

Análisis del caso

1   ¿Qué error cometió el representante en su manera de presentarse?
Descuidado – indiferente – negligente.

2   ¿Cómo reaccionó el representante después de oír la contestación de la recepcionista?
Falta de profesionalismo – urgencia – interés – dio impresión de flaqueza y que necesitó ayuda.

Ejercicio de reconstrucción

1   Póngase Vd. en el lugar del representante. Preséntese a la recepcionista. Soy . . . desgraciadamente no pude . . . con antelación . . . debería haber arreglado . . . pero . . . no sé siquiera si ha recibido . . . carta de recomendación.

2   Conteste por el representante a la respuesta siguiente de la recepcionista.

RECEPCIONISTA   Imposible, señor, tiene otra entrevista y estará muy ocupado hasta muy tarde.

REPRESENTANTE   Tengo que salir. . . .
sólo dispongo de . . . horas peladas
en estas circunstancias . . . conceder
si se tratara de un caso normal. . . .
por lo menos. . . .
conducirme a su secretaria. . . .

Caso 4

Esta vez el representante se encuentra ante una recepcionista bastante atractiva.

REPRESENTANTE Buenos días, señorita. Me llamo Horton y soy el representante de la casa inglesa Ramsden Products.

RECEPCIONISTA ¿En qué puedo servirle, señor?

REPRESENTANTE Quisiera hablar con el director de compras. A propósito, ¿cómo se llama ahora?

RECEPCIONISTA ¡Oh! Entonces es con el Sr. Díaz con quien Vd. tiene que hablar.

REPRESENTANTE Naturalmente. Pero no se dé mucha prisa. Francamente me es mucho más agradable hablar con Vd. En este trabajo es difícil encontrar a una joven tan bonita y no quiero desaprovechar la ocasión.

RECEPCIONISTA Muchas gracias.

REPRESENTANTE Las que Vd. tiene, señorita.

JEFE DE COMPRAS Señor, ¿es que Vd. no tiene orgullo profesional? Estoy seguro de que cuando vino aquí fue con la intención de vender, pero después de hablar con nuestra recepcionista parece ser que olvidó el verdadero motivo de su visita. En las relaciones con esta empresa le aconsejo que se mantenga siempre dentro del campo profesional. Adiós.

Análisis del caso

Conteste a las preguntas y use las indicaciones, pero exprese su propia opinión.

1 El piropear a la recepcionista puede ser un error. ¿Por qué?
Profesionalismo – falta de sutileza – estará acostumbrada al proceso – una forma de soborno.

2 El no prestar ninguna atención a la recepcionista puede también ser un error. ¿Por qué?
Sicología empírica – ponerse a su disposición – reconocer sus atributos.

Ejercicio de reconstrucción

Practíquese por parejas la conversación entre un/una recepcionista español(a) y un representante británico. Introduzca las expresiones indicadas.

Recepcionista	*Representante*
¿En qué puedo servirle, señor?	Sólo dispongo de . . . horas. . . .
En este momento tiene una entrevista. . . .	visitar gran número de firmas. . . .
	estaría muy agradecido. . . .
Lo siento pero Vd. no tiene solicitada. . . .	tiene que ver con un asunto. . . .
	no tuve suficiente tiempo para. . . .
No puedo hacer nada por Vd. . . .	¿ha recibido . . . carta
Ya sé que es muy urgente pero. . . .	recomendación?

Glosario de términos relacionados

La venta:

el contrato de compraventa	*sales contract*
la venta al contado	*cash sale*
la venta sobre (según) muestra	*sale by sample*
la venta de prueba	*sale on approval*
la venta a granel	*bulk sale*
la venta a plazo, a crédito	*credit sale*
la venta a plazos	*hire-purchase*
la compra con derecho a devolución	*sale or return*
a large plazo	*long term*
a medio plazo	*medium term, average term*
a corto plazo	*short term*

El pago:

el pago a cuenta	*payment on account*
la entrada, el primer pago	*down payment, deposit*
dar una entrada, realizar un pago parcial	*to make a down payment*
sin entrada	*no down payment, nothing down*
pagadero en seis plazos mensuales	*payable in six monthly instalments*

Práctica

Suponiendo que haya pasado por esta línea y que vaya a entrevistarse con el ayudante del comprador utilice una selección de estas expresiones para comunicarle una idea básica de las condiciones de venta de su firma:

podemos ofrecer. . . .

esto depende de. . . .

generalmente aceptamos. . . .

si se paga en. . . .

Unidad 3

La segunda línea de defensa

Introducción

Ahora vamos a estudiar la segunda y última línea de defensa con la cual se rodea el comprador. Una vez conseguida la entrevista, el objetivo del vendedor será el de vender sus productos al comprador en persona, pero en algunos casos puede verse detenido por el ayudante o por la secretaria particular del comprador, cuya función principal es la de decidir cuáles son los representantes cuyos productos puedan interesar a su jefe.

Desde luego, en la mayoría de los casos, los poderes del ayudante o de la secretaria son limitados y no tienen ningún derecho de decisión en cuanto a las compras; todo lo que pueden hacer es informarle al comprador acerca de los resultados de la entrevista. Su responsabilidad principal es renovar pedidos que ya se han encargado antes, o solicitar un pedido mínimo a título de prueba, lo cual sucede raramente. En realidad es el comprador el único que puede tomar una decisión definitiva.

Por ello es evidente que el representante debe esforzarse por penetrar esta línea de defensa y entrevistarse con el comprador lo más pronto posible puesto que éste es la máxima autoridad. Lo mismo que la recepcionista, el ayudante también puede impedirle el paso; por tanto, hay que tratarle con mucho tacto.

Además – y esto sucede sobre todo en las grandes empresas – el comprador oficial, aunque tiene gran influencia en cualquier decisión relativa a las compras, no es siempre el que toma la decisión definitiva; puede ser el ingeniero jefe quien decidirá qué tipo de producto desea usar, de modo que, aun si Vd. consigue entrevistarse con el comprador oficial, este último puede constituir una tercera línea de defensa que es necesario vencer antes de poder efectuar una venta. En estos casos la responsabilidad principal del comprador oficial es la de controlar el presupuesto de gastos en todos los departamentos.

Así, pues, el buen representante debe determinar de antemano las responsabilidades de los diferentes eslabones que componen la cadena de compra, sea por las preguntas indirectas que haga a la recepcionista o al ayudante del comprador, sea por las investigaciones que emprenda en su oficina antes de hacer la visita. De todas maneras, es de suma importancia que el representante no pierda su tiempo presentando su producto a quien no esté capacitado para comprarlo.

En este curso vamos a suponer que el comprador es la persona que toma la decisión de compra definitiva.

Vocabulario
el pedido a título de prueba   *sample order*
el presupuesto   *budget*
el eslabón   *link (of a chain)*

Diálogo

SR MARTÍNEZ   Ha llegado a tiempo, Señor Rojas. Vamos a tomar un café.

SR ROJAS   Gracias. No, no. No tomo azúcar.

SR MARTÍNEZ   ¡Hombre! A su edad no hace falta guardar la línea. Pero esto es lo que discutíamos ayer, ¿no?

SR ROJAS   Sí. Me habló de las líneas de defensa e hizo mención de la primera, o sea la recepción. Supongo que la segunda se trata del ayudante del comprador.

SR MARTÍNEZ   Sí, en este caso se trata de una línea de defensa interior y está ocupada por el ayudante, como Vd. dice, o la secretaria del comprador. Es aquí donde el representante tiene que hacer todo lo posible para conseguir su objetivo principal que es entrevistarse con el comprador mismo, porque éste quiere evitar contacto con todos los que no quiere ver, teniendo muy en cuenta que sólo un porcentaje muy pequeño de representantes puede serle de interés.

SR ROJAS   Entonces me parece, en efecto, que los deberes y funciones de la secretaria particular o del ayudante no son tan extensos puesto que estas personas no deben hacer más que proteger a su jefe, ¿no?

SR MARTÍNEZ   Sí, tiene Vd. razón en que no tienen ningún derecho de decisión y que su responsabilidad principal es la de encargarse de los quehaceres diarios del comprador. Pero, además de sus funciones generales de secretario, el ayudante puede renovar pedidos o solicitar un pedido a título de prueba.

SR ROJAS   Y supongo que debe informar a su jefe sobre la calidad de las mercancías que ha visto en su oficio de subordinado.

SR MARTÍNEZ   Sí, y en esto toma el importante y difícil papel de examinar minuciosamente las mercancías y muestras del representante para decidir si vale la pena mostrárselas a su jefe.

SR ROJAS   Pero si el ayudante le da a su jefe todos los detalles de cualquier muestrario, ¿por qué le hace falta al representante realizar tales esfuerzos para hacer su presentación detallada al comprador definitivo – es decir, a la persona encargada de las compras en su ramo?

SR MARTÍNEZ   Si el representante efectúa una presentación detallada en las esferas inferiores, cuenta con que la recepcionista, el ayudante del comprador, y hasta el 'comprador oficial' colaboren en la venta del producto al comprador definitivo.

SR ROJAS   ¿Qué hay de malo en eso?

SR MARTÍNEZ   El representante no debe contar con que una segunda o tercera persona haga su trabajo por él. Aun si las personas intermediarias efectúan este trabajo de una manera eficaz, no se consigue el contacto personal. Además está comprobado que los intermediarios olvidarán algunas de las ventajas esenciales del producto.

SR ROJAS   Pero, no creo que la situación sea tan mala como parece.

SR MARTÍNEZ   Pues lo es. Es como si un enamorado mandase pedir en matrimonio a su novia por poderes. ¡El intermediario no sabrá valorar las mercancías! Porque el representante conoce bien sus productos, sabe presentarlos mejor que nadie y puede aportar el entusiasmo necesario. Por eso es imprescindible que Vd. como representante haga dicha presentación al comprador en persona, aunque a veces el ayudante esté autorizado a pedir muestras.

SR ROJAS   Entonces, ¿no puede ser tan malo hacer una presentación detallada al ayudante?

SR MARTÍNEZ   Lo es, porque si el representante presenta su producto al comprador en persona, un simple pedido de muestras puede convertirse en un pedido más importante.

SR ROJAS   Bueno, y entonces, ¿cómo debo proceder para pasar esta segunda línea de defensa?

SR MARTÍNEZ   Desde el principio Vd. debe comportarse como si no fuese más que una entrevista preliminar, dando a entender que dentro de poco va a entrevistarse con el comprador en persona. La presentación de su producto será breve, porque los detalles son cosas para discutir con el comprador.

SR ROJAS   Entonces, ¿no debo procurar vender mi producto al ayudante?

SR MARTÍNEZ   De ningún modo. Lo que Vd. 'vende' en este momento es la idea de una entrevista con el comprador en persona.

SR ROJAS   Pero, ¿si insiste?

SR MARTÍNEZ   Si el ayudante insiste en una presentación detallada, Vd. tendrá que hacérsela, aunque puede sugerirle que sería mejor discutir las cuestiones de política comercial y condiciones de venta con su jefe. De este modo no va a ofenderle, aunque eso sí, evite siempre que el ayudante se sienta ofendido o menospreciado, porque en ese caso le dará con la puerta en las narices para siempre.

Vocabulario
el muestrario   *sample book, pattern book*
por poderes   *by proxy*
darle (a uno) con la puerta en las narices   *to slam the door in someone's face, to be kept out*

Cuestionario

Basado tanto en la introducción como en el diálogo. Las observaciones después de cada pregunta le ayudarán a contestar.

1 ¿Cuál es la función de la segunda línea de defensa?
objetivo – decidir – representantes de interés

2 La segunda línea de defensa le puede proporcionar la ocasión de presentar su producto. Sin embargo, sus esfuerzos podrían resultar infructuosos. ¿Por qué?
falta contacto – comprador único – decisión – colaborar en venta

3 ¿Qué servicio presta el ayudante a su jefe?
informarle – resultados – si vale pena continuar – calidad productos

4 ¿Cuál es la diferencia entre la presentación que Vd. realiza y aquélla que el ayudante hace a su jefe?
no aportar mismo interés vender – no hacer caso de esenciales – representante conoce producto

5 ¿Qué actitud se debe siempre adoptar durante la entrevista?
como si . . . preliminar – ofender nunca – dar a entender

6 En el caso de que el ayudante insista en una presentación más detallada, ¿cómo reaccionaría Vd.?
tacto – presentación . . . parte . . . muestras – breve – resumen – satisfacer su amor propio – vender 'idea' entrevista jefe

7 ¿Sobre qué puede el ayudante tomar una decisión definitiva?
renovar – pedido a título de prueba – si calidad excepcional – informar en tal sentido

8 ¿Cuáles son las desventajas de dar una presentación detallada al ayudante?
contar con que colabore – otra persona hace su trabajo – olvidar algo importante

9 ¿Por qué le hace falta al representante realizar tales esfuerzos para ver al comprador mismo?
vender . . . cosa personal – máxima autoridad

Para discutir

Describa lo que pasa durante la entrevista con el ayudante. Use el guión:

Actuar
- con tacto
- reconocer función ayudante
- importancia de su cargo
- tratar no enseñar totalidad mercancías
- preciso interesarle hasta que persuadido informar comprador

Sugerir
- cuestiones política comercial
- condiciones venta para comprador
- dejar ver discretamente . . . reportará ventajas

Evitar
- correr riesgo ofenderle
- mejor mostrar todo, decirle todo
- ofendido – perdido

Caso 1

REPRESENTANTE   Buenos días, señor. Me llamo Thompson y soy el representante de la compañía Barton, fabricante de equipos eléctricos. Quisiera hablar con el comprador.

AYUDANTE   Yo soy Echevarría, su ayudante. Él no está aquí pero me ha delegado todos los poderes de compra. ¿Qué tiene Vd. para mostrarme?

REPRESENTANTE   Pues . . . es con el comprador mismo con quien deseo hablar. Tengo muy poco tiempo a mi disposición, pero prefiero volver cuando el comprador esté libre, porque se trata de un asunto muy importante.

AYUDANTE   Bueno, si Vd. insiste. Deje conmigo su tarjeta con su número de teléfono y le avisaré cuando mi jefe pueda recibirle. Pero no le puedo prometer nada para esta semana.

Análisis del caso

1   ¿Qué nueva barrera se ha creado el representante con su actitud? No obró diplomáticamente – no interesó al ayudante – despreció función.

2   ¿Cómo reaccionaría Vd. ante el representante si fuera Vd. el ayudante? Sentir menospreciado – enfadado – impresión desfavorable – causarle dificultades – aplazar entrevista etc.

Ejercicio de reconstrucción

Conteste por el representante a la pregunta del ayudante.

AYUDANTE   ¿Qué tiene Vd. para mostrarme?
REPRESENTANTE Pues bien . . . como puede ver. . . .
                         estos cuatro modelos representan. . . .
                         gama entera. . . .
                         precios asequibles. . . .
                         garantizamos. . . .
                         aquí tiene Vd. . . .
                         folleto . . . lista precios. . . .

Caso 2

REPRESENTANTE   Buenos días, señor. Me llamo Roberts y soy el representante de la casa Barton de Londres.

AYUDANTE   ¿Y qué desea Vd.?

REPRESENTANTE   Quiero ver al comprador.

AYUDANTE   Lo siento pero hoy tiene una entrevista muy importante con el jefe de publicidad, ¿en qué puedo servirle?

REPRESENTANTE   Fabricamos equipos eléctricos y nos especializamos en los conmutadores de pedal. Introducimos en el mercado un nuevo modelo accionado por un proceso completamente revolucionario.

AYUDANTE Podría ser interesante. ¿Quiere Vd. darme algunos detalles sobre su funcionamiento?

REPRESENTANTE Es muy sencillo. El conmutador es accionado por la presión del pie en un relé, que está a su vez bajo presión constante. Así . . . ¿entiende Vd.? El conmutador es accionado por el cambio de presión.

AYUDANTE Me parece que entiendo. Es muy interesante, pero ¿cuánto cuesta?

REPRESENTANTE Los precios son muy razonables y varían según la potencia. Esta unidad, por ejemplo, vale 600 pesetas precio fábrica.

AYUDANTE Pero, ¿cuál es el precio CIF Bilbao?

REPRESENTANTE En este caso hay que prever un aumento de coste del 20 por ciento.

AYUDANTE ¿Tiene Vd. un folleto con sus condiciones de venta y una lista de precios?

REPRESENTANTE Sí, tome Vd.

AYUDANTE Gracias. Bueno, enseñaré todo esto a mi jefe y nos pondremos en contacto con Vds. si necesitamos algo. Adiós y muchas gracias.

Análisis del caso

En el caso que acaba de oír el representante se ha visto forzado por el ayudante a contestar a sus preguntas. ¿De qué otra manera hubiera podido comportarse para alcanzar su meta – es decir, hablar con el comprador en persona? Conteste con las indicaciones pero várielas.

1 Entusiasmo esforzarse por éxito necesario
   Actuar positivamente (CIF Bilbao)
   Ofrecer descuento etc.
   Otras ventajas
2 No dejar procedimiento llegar a este término
   Interesar al ayudante
   Si no sugiere entrevista. . . .
   Pedir una
   Dejar ver discretamente. . . .
   Entrevista repercutiría favorablemente

Ejercicio de reconstrucción

Hay que hacerse caso del interés del ayudante y cuando dice – 'Es muy interesante, pero ¿cuánto cuesta?' aproveche la situación.
Conteste por el representante haciendo todo lo posible para entrevistarse con el comprador.

explotar eso de precios
referir a la clientela
pedir sus opiniones
envolverle en la conversación
introducir referencia al comprador
tiempo disponible . . . discutir

Caso 3

Habiendo atravesado la recepción y pasado adelante de acuerdo con las instrucciones de la recepcionista, el joven representante se encuentra delante de la Oficina de Compras.

REPRESENTANTE   Buenos días, señor.

AYUDANTE   Buenos días.

REPRESENTANTE   Permita que me presente. Mi nombre es Collins. He venido a hablar con el director de compras. ¿Es a Vd. a quien me debo dirigir?

AYUDANTE   No. Yo soy su ayudante. ¿De qué se trata, por favor?

REPRESENTANTE   Soy el representante de la casa inglesa Fonotep. Fabricamos magnetófonos de alta calidad y de precio razonable. Como Vd. puede ver, nuestra máquina es de un diseño muy avanzado.

AYUDANTE   Es muy interesante – verdaderamente funcional. Gustará a mi jefe.

REPRESENTANTE   Entonces permítame explicarle cómo funciona. Aquí está el mando de volumen . . . y aquí el control para la potencia y el sintonizador.

(El representante continúa su presentación pormenorizada, haciendo resaltar todas las ventajas de su producto. Finalmente, después de diez minutos de explicaciones técnicas, pasa a los detalles financieros.)

Les ofrecemos descuentos en caso de pedidos de más de 50 unidades, además del 5 por ciento por pago al contado.

AYUDANTE   Me parece muy bien.

REPRESENTANTE   Nuestras entregas son muy rápidas, alrededor de tres semanas desde la fecha en que recibimos el pedido. Entonces. . . . ¿Qué opina Vd.?

AYUDANTE   Está bien. Es un adelanto, hay que reconocerlo. Tenga la bondad de dejar conmigo los detalles y hablaré con mi jefe. Cuando sepa su parecer me pondré en contacto con Vd.

Vocabulario
el sintonizador   *tuner (radio etc)*
pormenorizado   *detailed*
al contado   *in or for cash*

Análisis del caso

Escuche de nuevo el caso que acaba de oír. Observe cuidadosamente las reacciones del ayudante. Entonces, póngase en el lugar del representante y reaccione correctamente a las respuestas siguientes del ayudante:

1   En cuanto al diseño el ayudante dice:
'Es muy interesante, verdaderamente funcional. Gustará a mi jefe.'
Rep: ¿cuándo? – estaré en . . . durante – y, claro que. . . .

2   En cuanto a las ventajas financieras, el representante ofrece un descuento por pedidos de más de 50 unidades y un 5 por ciento por pago al contado.

El ayudante dice: 'Me parece muy bien'.
Rep: claro que estos precios varían según . . . y tendría que discutir . . . con su jefe.

3 ¿Qué hubiera hecho Vd. en la misma situación para evitar esos errores?

Ejercicio de reconstrucción

Reconstruya el caso basando sus respuestas en las que acaba de terminar. Practíquese por parejas.

Caso 4

Esta vez el representante hace una presentación competente que le proporciona el éxito esperado. Tome algunas notas y observe cómo todos los puntos que hemos estudiado en las lecciones anteriores son ilustrados.

REPRESENTANTE   Buenos días, señor.

AYUDANTE   Buenos días. ¿En qué puedo servirle?

REPRESENTANTE   Mi nombre es Bradwell. Represento al renombrado fabricante de magnetófonos Fonotep. Acabo de llegar de Londres y quisiera presentar al jefe de compras nuestra nueva serie de máquinas transistorizadas. ¿Es a Vd. a quien me debo dirigir?

AYUDANTE   No. Yo no soy el jefe de compras sino su ayudante. En este momento mi jefe está ocupado en una conferencia telefónica. ¿De qué se trata por favor?

REPRESENTANTE   Estamos introduciendo en el mercado una nueva serie de magnetófonos. Los precios son moderados, pero tanto la reproducción como el diseño son extraordinarios. Estos tres modelos representan la nueva gama y el modelo y las características generales son apropiados para cualquier cliente, incluso el modelo más caro es muy solicitado.

AYUDANTE   Ya.

REPRESENTANTE   Igualmente podemos garantizar el excelente funcionamiento de este más barato. Es un nuevo sistema que el director de compras querrá sin duda discutir conmigo.

AYUDANTE   ¿En qué consiste la innovación?

REPRESENTANTE   Se trata de una pila recargable de la cual hemos registrado la patente. No quiero molestarle con los detalles.

AYUDANTE   ¿Qué pasa con los repuestos? Antes de nada le puedo decir que disponemos de muy poco espacio para almacenar repuestos.

REPRESENTANTE   En efecto, éste es un problema muy interesante, y estoy contento de que lo haya mencionado. En el caso de los magnetófonos transistorizados tales como los nuestros, el único elemento que normalmente se tiene que renovar es la pila, pero nosotros hemos solucionado esta dificultad y la pila puede ser recargada enchufándola en cualquier toma de corriente. Todas las demás piezas que se necesiten renovar de vez en cuando son estandardizadas.

AYUDANTE   Es muy interesante. Gustará a mi jefe.

REPRESENTANTE   Pues ¿cuándo cree Vd. que pueda hablar con él?

AYUDANTE   No sé si estará libre en este momento. A propósito, todavía no hemos dicho nada sobre los precios.

REPRESENTANTE   Nuestros precios de base van de 5.500 pesetas, CIF Bilbao, por la máquina más económica a 7.500 por el modelo de lujo. Naturalmente hay descuentos, que varían según la cantidad pedida. De éstos quisiera hablar con su jefe.

AYUDANTE   Bueno, creo que sería conveniente que Vd. hablase con él personalmente. ¿Estará libre esta tarde?

REPRESENTANTE   Tengo una cita para las tres, pero en este caso preferiría aplazarla. ¿Le parece bien si vuelvo a las cuatro?

AYUDANTE   De acuerdo. Mi jefe estará esperándole a las cuatro. Buenos días, señor Bradwell. Hasta luego.

Vocabulario

la pila   *battery (usually small)*
el repuesto   *spare part*
almacenar   *to store*
enchufar   *to plug in*
la toma   *power point*
la pieza   *part (of machinery etc.)*
aplazar   *to postpone*

Análisis del caso

Escuche de nuevo el caso y conteste a las preguntas siguientes.

1   ¿En qué preciso momento consiguió el representante que el ayudante le concediera la entrevista con el comprador?

2   ¿Cómo consiguió el representante la entrevista con el comprador mismo?

3   ¿En qué momento era posible que ofendiese al ayudante y cómo logró evitarlo?

Reconstrucción del caso

1   Hable Vd. por el representante practicando primero con el texto y después sin él.

2   Hable ahora por el representante pero variando sus respuestas.

3   Practíquese por parejas variando tanto las expresiones del ayudante del comprador, como las del representante.

Glosario de términos relacionados

los artículos:

los bienes	
los géneros }	goods, wares, merchandise, commodities
los artículos	
los artículos de primera necesidad	essential goods
los artículos de gran consumo, de producción en serie	bulk goods
el artículo de marca	branded article, proprietary article
la marca de fábrica	manufacturer's brand
las mercancías de fácil venta	fast-selling goods, fast-moving goods
el acaparamiento (de mercancías)	hoarding (of goods)

Dimensiones y calidad:

las medidas	measurements, dimensions
el tamaño	size
el peso bruto	gross weight
el peso neto	net weight
el defecto de peso	short weight
los desechos, los desperdicios	factory rejects
los bienes perecedores	perishable goods
las mercancías de (primera) calidad	high grade goods
el nivel de calidad tolerable (aceptable)	acceptable quality level
la calidad media	medium, average quality
el examen (parcial) mediante muestreo	sampling inspection

Práctica

Vd. se encuentra con el ayudante y le da un resumen de sus productos presentándole una selección de la serie:

1 Un magnetófono portátil
2 Utensilios de cocina

Elija los términos más apropiados y presente los artículos teniendo en cuenta que es una entrevista preliminar.

Unidad 4

El comprador

Introducción

Después de haber atravesado las diversas líneas de defensa Vd. se encontrará delante del comprador mismo. Tendrá que variar sus técnicas de venta según el producto que Vd. vende. Puede que no se trate de una simple demostración de productos. Por ejemplo, podrá discutir acerca de una póliza de seguros, o un servicio y de otras cuestiones abstractas, pero básicamente el mismo tipo de venta es aplicable tanto a los consumidores como a los industriales. Como representante Vd. tiene, pues, un papal esencial a desempeñar. Debe hacer todo lo posible a fin de ganarse el interés del comprador. Debe evitar cansar al comprador con su charla excesiva pero debe animarle a expresar sus prejuicios, por ello hay que estar dispuesto a adaptar la presentación con el fin de descubrirlos todos.

En primer lugar, a pesar del posible éxito de la publicidad, debe subrayer la rentabilidad de su producto para cada comprador y vender la entrevista o sea, la idea de comprar. Efectivamente es un caso de estimular el interés del comprador de manera que éste desee ver los productos, y así su presentación debe servir para sondear al comprador y lanzarle a la conversación porque es preciso que éste participe activamente en ella.

Al comprador que compra para revender Vd. debe convencerle de que el producto tiene fácil salida y que su rápido movimiento de venta le asegurará un pingüe beneficio. Al comprador que utiliza lo que compra, Vd. tiene que demostrarle que su producto es de alto rendimiento, de uso económico y manutención fácil y que está garantizado contra cualquier defecto de fabricación.

Como ejemplos de estos dos tipos de compradores podemos citar a los de Galerías Preciados en Madrid, quienes compran para revender, y a los de la SEAT en Barcelona, quienes compran equipos y materiales para su propio uso.

Vocabulario
la póliza de seguros   *insurance policy*
la rentabilidad   *profitability, yield*

sondear   *to sound out*
la salida   *sale*
pingüe   *fat, rich, abundant*
el beneficio   *profit*
la manutención   *maintenance*

Diálogo

SR ROJAS   Después de lo que me dijo ayer por la mañana lo he pensado y me sorprende que el comprador ofrezca tanta resistencia en el proceso de negociación cuando él, en realidad, debería poner todo su empeño en lograr una cooperación favorable con el representante. ¿Por qué no afirma francamente lo que necesita para conseguir la ayuda del representante?

SR MARTÍNEZ   Cuanto más experimentado sea el comprador tanto mayor será la resistencia que encontrará el representante en su intento de conseguir una venta. Para mantener su posición, estratégicamente favorable en un mercado de compradores, no quiere comprometerse manifestando sus deseos personales ni sus propias impresiones. Y lo mismo sucede por lo que se refiere al representante ya que el comprador podría tratar de arrancarle por chantaje cualquier concesión.

SR ROJAS   Bueno, y, ahora que me encuentro delante del comprador, ¿me puede dar algún consejo para saber cómo tratarle?

SR MARTÍNEZ   Debe siempre tener en cuenta que el comprador se mantendrá a distancia hasta que Vd. consiga envolverle con su presentación. Eso lo podrá conseguir únicamente si le demuestra las ventajas que el producto le ofrece y los beneficios que él obtendrá si lo compra. Por lo tanto, si utiliza el pronombre personal 'Vd.', es casi seguro que provoque por lo menos algunos comentarios del comprador.

SR ROJAS   Y así él participará en la presentación.

SR MARTÍNEZ   Claro, y recuerde que cuanto más éxito tenga Vd. en evitar el monólogo, y cuantas más preguntas haga al comprador – sobre todo las preguntas que, por su naturaleza, tienden a provocar una respuesta positiva – tanto mejor será para Vd. Las respuestas recibidas servirán de base para su presentación, permitiéndole ajustarla a las necesidades particulares que el comprador deja entrever. ¿Lo ve Vd. claro?

SR ROJAS   Creo que sí. Y con ello se evita o reduce el riesgo de que el comprador no participe en la conversación y hay así mayores posibilidades de que se interese más en el proceso al convertir sus meras observaciones en una discusión que le afecta directamente. Es la misma actitud que hemos adoptado con el ayudante, ¿verdad?

SR MARTÍNEZ   Hasta cierto punto, sí, pero esta vez Vd. tiene que esforzarse por comprender los problemas particulares de cada comprador.

SR ROJAS   ¿Cuáles son estos problemas?

SR MARTÍNEZ   Varían según las circunstancias, pero no olvide que cada comprador tiene la responsabilidad de hacer que su firma destaque comercialmente. El comprador de bienes de consumo debe saber lo que venden sus competidores y debe estar capacitado para ofrecer competencia en cuanto a precios y calidad. Debe tener un buen sentido comercial y por eso irá a servirse de los representantes cuyos productos le interesan para sonsacarles sus nuevas ideas.

SR ROJAS   Ya lo veo.

SR MARTÍNEZ   Por este proceso el comprador puede estar al corriente con los últimos métodos de la producción industrial y con la distribución de las mercancías y de este modo puede estar informado sin tener que comprometerse. También tiene que comprar exactamente la cantidad que necesita de cada producto, porque los fondos de que dispone serán siempre limitados.

SR ROJAS   ¿Y el comprador industrial?

SR MARTÍNEZ   Éste, por el contrario, debe considerar, entre otros, el precio por unidad, la vida operacional del equipo, así como su eficacia y sus ventajas técnicas y económicas con respecto a los productos de la competencia. Es decir que debe considerar cada compra como una inversión de capital.

SR ROJAS   De acuerdo, pero hay algo que todavía no entiendo. Si el comprador ya sabe lo que quiere comprar, ¿por qué se esfuerza tanto por evitar al representante?

SR MARTÍNEZ   Es lo que traté de explicar antes. Hay que darse cuenta de que el comprador es un ser humano quien puede equivocarse al ser empujado a encargar algo en contra de su voluntad. Y lo que pasa de vez en cuando es que un comprador momentáneamente negligente puede ponerse en una situación muy desventajosa como resultado, por ejemplo, de haber manifestado su entusiasmo.

SR ROJAS   ¿Quiere decir que a veces puede hacer un pedido del cual se arrepienta después?

SR MARTÍNEZ   Sí, pero aun cuando haga un pedido, tiene otra defensa. Es decir que puede limitarse a pedir muestras a título de prueba o imponer condiciones imposibles de cumplir. Y ahora tendremos que terminar por hoy. Voy a la Cámara de Comercio. Hay una delegación de Barcelona y. . . .

Vocabulario
arrancarle (a uno) por chantaje   *to blackmail someone*
sonsacarle (a uno)   *to pump someone for information*
la inversión   *investment*

Cuestionario

1   ¿Por qué debe el representante considerar cada encuentro con un comprador como un negocio personal?
para éxito – envolverle – sondearle – comprender sus problemas – vender idea comprar

2   ¿Por qué le hace falta al comprador mantenerse a distancia de los representantes?
consolidar posición en mercado – no comprometerse

3 ¿Cuál es la meta de todo comprador con respecto a su firma?
estar al corriente – producción – distribución – cantidad exacta o inversión

4 ¿Qué intenta el comprador al hacer un pedido de muestras a título de prueba?
protegerse

5 ¿En qué circunstancias puede el representante ocupar una situación ventajosa sobre el comprador?
forzarle – hacer manifestar entusiasmo

Para discutir

1 Póngase en el lugar de un comprador de bienes de consumo y describa sus principales consideraciones antes de hacer un pedido:
familiarizarse con competidores
ofrecer competencia. . . .
sonsacar ideas
estar al corriente
necesidades clientela
considerar cantidad – espacio

2 Póngase en el lugar de un comprador industrial y describa sus principales consideraciones antes de hacer un pedido:
servirse de representante
precio – unidad
al corriente
distribución
ventajas sobre competencia
vida, eficiencia equipo

3 Describa las ventajas de envolverle al comprador en la presentación:
segunda persona de cortesía (Vd.)
provocar exponer cuestiones apropiadas
siempre exigir respuestas afirmativas

Caso

REPRESENTANTE Buenos días Sr. Picazo, aquí tiene mi tarjeta. Soy Harrison y estoy seguro que mi firma no le es desconocida, L.N.G. Products. En el campo de las industrias electrónicas tenemos fama de ser una de las empresas más grandes, pero estoy seguro de que ya lo sabe.

COMPRADOR Desde luego, su campo de especialización consiste en radios, televisores y magnetófonos, ¿no?

REPRESENTANTE Eso es, y me gustaría hablar con Vd. sobre este último asunto – magnetófonos. Este año como resultado del estudio del mercado y el análisis através de la computadora, anticipamos producir tres modelos en vez de los dos que hemos producido anteriormente. La idea es que con más selección resulta más fácil venderlos. ¿No está de acuerdo?

COMPRADOR Debo admitir que la gente compra según su renta. Sabemos todos que el mercado se divide naturalmente en dos grupos y que cada uno compra el producto que más le conviene.

REPRESENTANTE   Me agrada saber que su punto de vista es muy realista y que está conforme con la política de nuestra producción. Ahora, señor, quiere examinar estos tres modelos? ¿Qué impresión tiene Vd. de este estilo elegante y simple? ¿Le gusta?

COMPRADOR   Francamente, no me dice gran cosa.

REPRESENTANTE   Verdaderamente a mí no me gusta tampoco pero como Vd. sabe mejor que yo, hoy en día el buen gusto no es de tanto valor como en días pasados.

COMPRADOR   No, de ninguna manera.

REPRESENTANTE   Lo que debemos hacer es preguntarnos si al cliente le gusta el artículo. Desgraciadamente ahora no se reconoce el buen gusto de los expertos y hay que sondear el mercado para ver si tal aparato es de fácil venta. No cabe duda de que estos modelos comprenden todas las características del estilo más moderno y que más conciernen al promedio de clientes.

COMPRADOR   Bueno, si Vd. lo cree así, desde luego, debo admitir que tiene razón. Este modelo no deja nada de desear para el cliente supramoderno.

REPRESENTANTE   Es exactamente lo que nuestros diseñadores tuvieron presente. Espero no molestarle demasiado; no quisiera quitarle tiempo, que sin duda alguna debe de ser muy valioso, hablando sobre el personal. Es importantísimo que los datos técnicos le satisfagan completamente.

COMPRADOR   De ninguna manera Señor Harrison, hoy en día la importancia del aspecto exterior no puede ser exagerado. Lo doy por sabido que una firma tan conocida como la suya estará confinada a la producción de máquinas técnicamente perfectas. Sin embargo no puedo negar que la funda tan bonita no vale para nada cuando dentro no hay nada bueno. ¿Quiere enseñarme como funciona?

REPRESENTANTE   Desde luego. Como ve estos tres modelos comprenden los más modernos avances, cada uno según el precio y el modelo. Fijémonos primero en el que está en el centro que según nuestro estudio del mercado será el que tenga mayor éxito de venta. Por favor siga comprobándolo.

COMPRADOR   ¿Qué son estos botones azules?

REPRESENTANTE   Son los controles de sintonización y de volumen. ¿Qué le parece este borde de madera contra-chapada en tres capas? No pesa mucho y ocupa muy poco espacio y.... (Sigue explicando deliberadamente para lanzar al comprador a la conversación.)

COMPRADOR   ... y sirve también para reducir la vibración y las interferencias generales.

REPRESENTANTE   Sí, eso es, y además cada máquina cuesta solamente 8 mil pesetas. Es un precio estupendo, ¿no?

COMPRADOR   Al contrario, esto me ha desilusionado. Me parece excesivamente caro. Anualmente nuestro giro de los negocios consiste aproximadamente en 500.000 artículos por término medio. Y al precio que

Vd. señala nunca podríamos desprendernos de tan gran cantidad. Y aumentar las ventas, ¡ni hablar!

REPRESENTANTE   No hay por qué preocuparse. Con un giro de negocios tan grande podemos favorecerles con un descuento considerable. Pues el precio que acabo de citar era al por menor y no al por mayor. Normalmente el precio al por mayor es 7.100 ptas, pero cuando negociamos con clientes tan importantes como Vd., dispuestos a hacer pedidos globales aun podemos reducir más nuestros precios.

COMPRADOR   Pero, ¿cuánto?

REPRESENTANTE   ¿Qué le parece 6.750 ptas. por pieza? Para que pueda estar seguro de mis buenas intenciones haré todo lo que pueda para conseguirle antes de Navidad el pedido a título de prueba. ¿Cuáles son los modelos que más le interesan?

(Un procedimiento directo – el comprador fue lanzado al asunto.)

Vocabulario
la renta   *income*
no decirle (a uno) gran cosa   *not to be keen on something*
el promedio   *average*
dar por sabido   *to take for granted*
la funda   *case, casing*
contra-chapada en tres capas   *three ply*
el giro de negocios   *turnover*
al por menor   *retail*
al por mayor   *wholesale*

Análisis del caso

1   Enumere los momentos cuando todo pudiera haber fracasado.
2   Explique cómo el representante venció los obstáculos.

Reconstrucción del caso

1   Hable Vd. por el representante practicando primero con el texto y después sin él.
2   Hable por él en el mismo sentido pero usando otras expresiones.
3   Por parejas reconstruya el caso cambiando la manera de expresión.

Glosario de términos relacionados

La industria:

la industria de bienes de consumo	*consumer goods industry*
la industria de bienes de capital – de equipo, – de inversión	*capital goods industry*
la coyuntura	*business cycle, trade cycle*
el comercio al por mayor	*wholesale business or trade*
el mayorista	*wholesaler*
el comercio al por menor	*retail business or trade*
el { menorista { minorista, el detallista	*retailer*
la cadena de tiendas las tiendas en cadena	*multiple or chain stores*
el intermediario	*middleman*
el agente mediador	*agent middleman*
la (casa) central	*head office*
la sucursal	*branch (office)*
el ramo } often interchangeable la rama }	*branch (line of goods or business* *branch of science)* *branch (of industry or products)*

Práctica

Vd. llega por primera vez a la oficina del comprador que le pide información de su empresa. Explíquele la organización funcional de ésta sirviéndose de esta lista de términos.

Unidad 5

Los motivos que influyen en las compras

Introducción

Habiendo examinado el papel desempeñado por el representante vamos a estudiar ahora los motivos que inducen al público a comprar, porque estos motivos son los que el comprador de bienes de consumo debe tener siempre en cuenta.

Las empresas comerciales existen por sus clientes, sean actuales o posibles y es imprescindible que empecemos a considerar sus necesidades y preferencias. En esto los papeles de los compradores comerciales y los representantes tienen un objetivo en común. El representante va a vender sus mercancías al comprador y através de él al público.

Por ello el representante tiene que emplear los servicios del departamento de ventas y de publicidad de su compañía para informarse sobre las características de los clientes. ¿Son hombres, mujeres o niños? ¿Cuál es su edad? ¿Cuál es su medio social? ¿Cómo es su modo de vivir? ¿Son jóvenes, casados, solteros, tienen hijos? ¿Quiénes son los que deciden y los que compran? En efecto hay que estudiar la sicología del consumidor y estudiar su motivo en comprar.

Algunos productos se venden porque satisfacen el instinto de snobismo, porque están de moda, o por otras varias razones – factores que el comprador de bienes de consumo debe considerar cuidadosamente al calcular sus posibilidades de reventa. Desde luego esto constituye la diferencia principal entre el comprador de bienes de consumo y el de bienes industriales.

En esta unidad vamos a destacar estas diferencias así como la importancia de conocer bien los productos de la competencia.

Diálogo

SR MARTÍNEZ   ¡Adelante! Ah, puede quedarse un rato, ¿eh?
Como sabe, espero a un cliente venezolano y ha habido una demora con su vuelo.
Bueno, ¿hay algo más que quiere preguntarme sobre los compradores?

SR ROJAS   Pues, sí, y es algo sicológico, me parece. A veces me pregunto por qué el comprador elige un producto determinado.

SR MARTÍNEZ   Además de su conocimiento del mercado existe, por supuesto, la influencia del buen representante quien sabe presentar su producto de manera experta. Pero la meta principal de todo negocio es la de obtener un beneficio, y el comprador de bienes de consumo tiene que revender los que compra.

SR ROJAS   Entonces, me parece que el comprador debe, por lo tanto, prestar la máxima atención a los deseos y necesidades de su clientela.

SR MARTÍNEZ   Desde luego. Y así Vd., como representante, tiene que estudiar su mercado e investigar todas las categorías posibles de sus clientes, y esto significa su medio social y modo de vivir, cómo y por qué compran tal o cual producto, y entonces garantizarles un adecuado servicio post-ventas. En efecto es un conocimiento cualitativo y cuantitativo de sus preferencias.

SR ROJAS   Esto presupone, ¿no? una completa investigación de mercados.

SR MARTÍNEZ   Claro que sí, y no debe nunca olvidarse de ninguna categoría de cliente. Tiene que considerar la situación geográfica de ellos, por regiones, centros urbanos, centros rurales e incluso los mismos barrios de cada ciudad, y así podrá decidir a quienes les va a interesar.

SR ROJAS   Ya lo veo. Es que nosotros los representantes debemos sondear sus motivos y esto nos permitirá ver sus problemas.

SR MARTÍNEZ   En parte sí, pero hay que estar siempre al corriente de las tendencias de los clientes y la moda en general. Así sabremos adaptar nuestra compaña de ventas y de publicidad y, si hace falta, variar nuestro sistema de distribución y modificar nuestras tácticas. Hoy en día es imprescindible que pensemos en lo que producimos o lo que vendemos para que sea exactamente lo que necesitan nuestros clientes.

SR ROJAS   Y si consigo demostrarle al comprador que mi producto satisface estos deseos mejor que los productos de la competencia, entonces tendré un triunfo en la mano.

SR MARTÍNEZ   Exactamente.

SR ROJAS   Pero, ¿cómo pudeo estar seguro de lograrlo?

SR MARTÍNEZ   Tomemos el caso del comprador de un gran almacén tal como El Corte Inglés en Madrid o Barcelona. Él sabe muy bien que existen varios motivos de compra y que en cualquier compra algunos, o quizás todos, juegan un papel importante – el orgullo, el gusto, la higiene, la seguridad, la curiosidad, el snobismo. Todos estos factores pueden influir en la compra de un automóvil o de una póliza de seguro. Sin duda Vd. podrá señalar otros ejemplos.

SR ROJAS   Sí, entiendo. Pero me parece que esos motivos no ocurren en el caso del comprador industrial.

SR MARTÍNEZ   Tiene razón, porque él no revende lo que compra. Su preocupación principal será la de comprar la mejor máquina o materia para el trabajo requerido, teniendo en cuenta precio, eficacia, etc. Es evidente que estudiará todas las máquinas o materias rivales antes de decidirse.

SR ROJAS   En este caso mi presentación tendrá que estar muy bien preparada, ¿verdad?

SR MARTÍNEZ   Claro que sí. Le aconsejo que haga una lista de todas las ventajas y desventajas de su producto. Y esto de las desventajas, es igualmente importante en su presentación, con tal que no sean defectos íntegros del mismo.

SR ROJAS   Pero, ¿no sería mejor tratar de ocultar las imperfecciones de los productos?

SR MARTÍNEZ   Al contrario, va en su propio interés hacer mención de las faltas lo antes posible para que pueda abordar las cuestiones del comprador. Es esencial que éste no desconfíe del representante porque la base de unas florecientes relaciones comerciales está en la confianza mutua, y esto se refiere igualmente a los compradores de bienes de consumo.

SR ROJAS   Y además de esto, ¿qué más hay que hacer?

SR MARTÍNEZ   Fíjese, le aconsejo que haga otra lista de los posibles motivos de compra y si hace una comparación entre las dos listas, sabrá en qué basar su presentación. Por supuesto si hace lo mismo con los productos de la competencia, podrá localizar y estudiar sus faltas, no para criticarlas sino para destacar mejor las ventajas de su propio producto.

SR ROJAS   ¿Por qué dice Vd. en cuanto a las desventajas de la competencia 'no para criticarlas'? Seguramente esto puede subrayar la calidad etc. . . . de los propios productos de uno, ¿no?

SR MARTÍNEZ   Pues, no es un caso de criticar los productos de sus competidores. Cualquier ataque de estos no va a ayudarle de ningún modo. El comprador tendrá la impresión de que a su actitud le falta la necesaria discreción profesional.

SR ROJAS   Sí, desde luego.

SR MARTÍNEZ   Y como consecuencia de tal paso Vd. podría hallar delante a un contrario muy firme. Porque despreciando los productos de sus rivales Vd. puede poner en duda la competencia profesional del comprador quien, quizás, conocerá a fondo todos los géneros en este campo. Y una vez ofendido, bueno no hace falta decir más, ¿eh?

SR ROJAS   Así es que sería mejor no introducir la cuestión de las desventajas de los competidores, ¿no le parece?

SR MARTÍNEZ   No. Es un proceso más sutil que debemos emplear, y comprende varios aspectos, el precio, la entrega, la apariencia moderna y funcional, el servicio post-ventas etc., y aquí podemos explotar la competencia. Si estudiamos sus técnicas de ventas, publicidad, acciones y argumentos podremos preparar una respuesta al comprador a quien le interesan, por ejemplo, todos los detalles de la provisión y distribución de piezas de recambio.

SR ROJAS   Otra vez la lista.

SR MARTÍNEZ   Claro, y si la empresa X tiene una mala reputación en este respecto podemos subrayar la eficacia de nuestra empresa al asegurarle al comprador que en esto podemos garantizarle un buen servicio. No olvide el refrán – el mejor desprecio es no hacer aprecio – y nunca, digo nunca mencione el nombre de la empresa que Vd. critica indirectamente.

SR ROJAS   Ahora creo que entiendo, pero ¿quiere Vd. hacerme un resumen?

SR MARTÍNEZ   Sí, ¡cómo no! El comprador de bienes de consumo compra para revender, mientras el comprador de bienes industriales necesita maquinaria que va a durar, que no va a costar mucho para mantenerla y que es superior en calidad a la de sus competidores en estos aspectos. No tiene ningún valor en cuanto a la reventa y el servicio post-ventas es de suma importancia. Igualmente el comprador industrial de piezas componentes tiene que considerar el costo, la durabilidad y calidad y la continuidad.

SR ROJAS ¿La continuidad?

SR MARTÍNEZ Sí, ¿podrá comprar, digamos, dentro de cinco años las piezas de recambio que necesita para reparar una avería?

SR ROJAS Sí, pero además de esto, según me han dicho, hay otro aspecto importante en cuanto a ciertos compradores de bienes de consumo e industriales también.

SR MARTÍNEZ Y ¿cuál es?

SR ROJAS Por ejemplo un nuevo representante que se presenta con mercancías de última novedad a precios muy ventajosos en la oficina del comprador el cual tiene ya relaciones bien establecidas en otra parte. Me parece que tales empresas tienen una política pasada de moda ya que la casa con la cual mantienen relación produce cosas que servían hace cincuenta años pero que ahora son inferiores a las de sus competidores. ¿Cómo se puede tratar una situación así?

SR MARTÍNEZ Eso, sí, es un punto muy interesante, pero difícil de vencer porque la empresa en cuestión compra irracionalmente. En este caso hay que tratar de convencerles, por ejemplo, con los resultados de los estudios del mercado y las cifras de los beneficios anuales de otras compañías en comparación con los suyos, pero es difícil y es más bien un problema de prejuicios.

SR ROJAS Pues sí, señor, tendré muy en cuenta lo que Vd. me ha dicho durante mi próximo viaje de negocios.
Me marcho el día 15 para Madrid y espero. . . .

Vocabulario
el servicio post-ventas *after sales service*
el mejor desprecio es no hacer aprecio *(loosely) the best way to show your contempt for someone is to give no praise*
la avería *breakdown (mechanical)*

Cuestionario

1 ¿Cuáles son las razones de por qué el comprador de bienes de consumo debe apreciar y conocer los motivos de compra de sus clientes?
meta – beneficio – revender

2 Explique Vd. detalladamente la naturaleza y las necesidades de los clientes de bienes de consumo.
categorías – medio social – nivel de vida – razones de comprar – edad – gusto etc.

3 ¿Cómo puede el representante demostrar al comprador que sus productos satisfacen los deseos de sus clientes?

demostrar . . . al corriente de tendencias – estudio de mercado – servicio post-ventas

4 Explique las dificultades de revender.

gusto – motivo de comprar – conocer clientela

5 ¿Por qué hace falta preparar una lista que comprenda las desventajas de sus propios productos?

anticipar cuestiones – abordarlas primero – no ocultar

6 ¿Por qué debe Vd. estudiar las ventajas y desventajas de los productos de la competencia?

subrayar sin criticar – ventajas suyas

7 ¿Cómo se explotan las desventajas de los competidores?

no mencionar nombres – asegurar propias ventajas

Para discutir

En el caso de encontrarse con un comprador cuya empresa lleva medio siglo comprando artículos al mismo distribuidor ¿cómo puede Vd. tratar de convencerle de que vale la pena examinar las muestras de su propia compañía? Use las dos listas.

otra compañía	*la suya*
vasta experiencia	beneficios anuales
solvencia	aspecto progresista
probada	plazo de entrega
estabilidad	favorable
bien establecida	política dinámica
se puede confiar en ella	métodos modernos
	distribución excelente
	servicio post-ventas

Situación

Imagínese que Vd. está preparando una lista de las ventajas de su producto. Enumere los motivos de compra que Vd. podría subrayar en la presentación de:

a. un magnetófono
b. una lavadora
c. chocolates
d. una segadora

e. un tractor
f. una pesa
g. una póliza de seguros

Preste atención a los puntos siguientes:

clase de gente
usos del producto
de moda
cifras de rentas en distintas regiones
posición del mercado

requisitos del cliente
éxito del producto
situación geográfica

Caso

El representante de una importante fábrica de bombas de riego visita a un distribuidor de maquinaria agrícola. Escuche la parte más importante de su conversación.

REPRESENTANTE   El otro día leí en el periódico local el reportaje sobre las dificultades que en esta región encuentran los agricultores para obtener agua de riego, debido a que las bolsas de agua se hallan a una profundidad superior a los 20 metros. Como ve Vd., fabricamos bombas para todas las aplicaciones, pero estamos muy orgullosos de nuestro modelo B.23, especialmente diseñado para trabajar a estas profundidades. Por lo tanto creo que se podría vender fácilmente en esta región.

DISTRIBUIDOR   ¿Cuánto cuesta?

REPRESENTANTE   50.000 pesetas, incluídos impuestos y gastos de transporte.

DISTRIBUIDOR   Es demasiado caro. Si compro la misma clase de bomba a la Regabec pago solamente 44.000.

REPRESENTANTE   De acuerdo, señor. Hay máquinas más baratas, sí; pero este modelo B. 23 está especialmente diseñado para el bombeo de agua desde más de 20 metros de profundidad. ¿Seguramente Vd. habrá oído hablar del sistema de agua potable en El Aiún, donde nuestras máquinas están operando desde hace ocho meses?

DISTRIBUIDOR   Sí, oí hablar de las dificultades que tuvieron para extraer el agua allí, pero nuestro mayor problema es el de *ALCANZAR* las bolsas de agua.

REPRESENTANTE   Eso no es ningún problema, debido a que poseemos un equipo especializado de sondeo e instalación, el cual, una vez localizada el agua, efectúa este trabajo completamente gratis siempre que las operaciones no necesiten más de una jornada de trabajo. A través de nuestra experiencia le puedo asegurar de que en un 90 por ciento de los casos hemos completado el trabajo en una sola jornada.

DISTRIBUIDOR   Sí, pero ¿qué pasa con el otro 10 por ciento?

REPRESENTANTE   Como Vd. bien sabe, habrá casos en que, por las dificultades del terreno, se necesiten varias perforaciones y un resultado positivo tarde en conseguirse. En estos casos particulares cargamos solamente 2 mil pesetas por día.

DISTRIBUIDOR   Me parece muy razonable. En este preciso momento tengo un cliente que está muy interesado en solucionar su problema de riego y creo que podremos venderle una bomba. Si le parece bien, mañana le telefonearé a Vd. para decirle cuando podremos hacer una prueba en la finca de este señor. Si la demostración resulta bien, venderemos por lo menos una bomba y yo no tendré ninguna duda en hacerle un pedido importante.

REPRESENTANTE   De acuerdo. ¿Qué le parece si me paso por aquí mañana a las doce?

DISTRIBUIDOR   Está bien. Entonces, hasta mañana.

Vocabulario
la bomba de riego   *irrigation pump*
la bolsa de agua   *pocket, supply, reserve of water*
el sondeo   *fathoming, probing*

Análisis del caso

1 El representante no hizo todo lo posible en el encuentro. Si Vd. estuviera en su lugar, ¿de qué manera variaría su presentación para evitar los errores posibles que cometió en este caso?
2 ¿Cómo reaccionaría Vd. a las objeciones siguientes?
  a. 'Es demasiado caro. Si compro la misma clase de bomba a la Recabec pago solamente 44.000.'
  b. 'Sí, oí hablar de las dificultades que tuvieron para extraer el agua allí, pero nuestro mayor problema es el de *ALCANZAR* las bolsas de agua.'
  c. 'Sí, pero ¿qué pasa con el otro 10 por ciento?'

Preparación para la presentación

1 Escoja cualquier producto (aspiradora, magnetófono etc.) y haga dos listas, una que incluye sus ventajas, y otra sus desventajas.
2 Haga dos otras listas con el mismo producto de su competidor más 'peligroso'.

Reconstrucción del caso

Esta entrevista que acaba de oír no fracasó, al contrario, pero el representante pudiera haber mejorado su presentación.

1 Conteste por él a las respuestas del distribuidor usando el texto.
2 Conteste por él mejorando su presentación.
3 Practíquese por parejas y reconstruya la entrevista haciéndose caso de las críticas del distribuidor.

Glosario de términos relacionados

La publicidad:

la firma patrocinadora	*sponsor*
la publicidad recordatoria	*follow-up advertising*
el asesor de publicidad	*advertising consultant*
la campaña publicitaria	*advertising campaign*

Los defectos:

el plazo de garantía	*guarantee period, warranty period*

en perfectas condiciones de funcionamiento al salir de la fábrica	*in perfect working condition on leaving the factory*
el incumplimiento de una obligación contractual	*default (contract)*
la demora	*default (payment) or delay*
el embalaje defectuoso	*faulty packing*
reconocer una reclamación	*to grant a claim*
rechazar una reclamación	*to refuse a claim*
admitir de nuevo los géneros	*to take the goods back*
el defecto ocultado intencionadamente	*intentionally hidden fault*
defectos de fabricación	*faulty workmanship*
un defecto manifiesto	*an obvious fault*
cambiar las piezas defectuosas de acuerdo con la garantía	*to replace faulty parts under guarantee*
subsanar los defectos, corregir las faltas	*to remove defects, to correct faults*
exigir indemnización	*to claim damages*

Práctica

1   Lean otra vez la introducción y el diálogo de esta unidad y preparen en grupos una campaña de publicidad para lanzar al mercado cualquier producto de consumo para mujeres.

2   El comprador quiere estar seguro de que en el caso de hacerle un pedido le va a garantizar un adecuado servicio post-ventas ¡Convénzale!

Unidad 6

La entrevista con el comprador

Introducción

Si el representante ha tenido que pasar por las distintas líneas de defensa o si ha fijado de antemano la entrevista, ahora llega a la cúspide de la venta – la entrevista con el comprador mismo. Hemos estudiado los caminos debidos para acercarnos a él, particularmente en el caso de llegar a una empresa sin solicitar una cita previa, así como los métodos de preparación. Y lo que vamos a considerar ahora en esta unidad es la táctica de la venta personal y cómo comportarse ante el comprador. No se trata de una simple demostración de muestras ya que la entrevista debe contener elementos menos tangibles. En efecto es una batalla sicológica. El representante va a 'vender' la entrevista y la idea de comprar al estimular el interés del comprador a fin de que éste se sienta atraído por los productos. Y por ello la presentación debe servir para sondear sus deseos y su punto de vista, y lanzarle a la conversación.

No olvide Vd. que puede echar a perder las posibilidades de venta de su producto debido a una ejecución inadecuada, tirando por la borda todo su buen trabajo realizado hasta ahora. Así la presentación debe ser muy fluída y articulada, pero a la vez reflexiva dando una impresión sincera y no automática. El propósito es conseguir una venta y Vd. no debe menospreciar la importancia de la entrevista con el comprador. Por tal motivo ha de estar siempre dispuesto a analizar y criticar su ejecución. Cuando Vd. falle – y esto sucederá con relativa frecuencia – debe reconocerlo y estudiar los porqués. Cuando tenga éxito, también le será útil reconsiderar por qué lo ha obtenido.

El papel del representante, pues, será emplear una técnica distinta con cada comprador a fin de ganar su interés, evitar cansarle con su charla excesiva, animarle a expresar sus prejuicios y estar siempre dispuesto a adaptar su presentación. Sólo así será posible dar una buena impresión de su empresa, de sus productos y de Vd. mismo como representante eficaz.

Vocabulario
la cúspide   *the peak, main point*
tirar por la borda   *to throw overboard*

Diálogo

SR ROJAS   Acabo de volver de Madrid después de mi visita con el señor Brown y me fue muy interesante y útil observar la entrevista con el señor Gómez, el jefe de compras de Bamoco.

SR MARTÍNEZ   Ah, sí, el señor Brown es uno de nuestros representantes más experimentados y habrá tenido una buena oportunidad de ver operar a uno de los mejores. Pero, dígame, todavía no he visto su informe sobre la visita. ¿Qué tal? ¿éxito, o no?

SR ROJAS   No estuvo mal. Es que nos han dado un pedido pequeño pero quieren hacer unas investigaciones para ver si nuestro servicio post-ventas es como les hemos prometido.

SR MARTÍNEZ   Por lo menos ha observado de cerca un aspecto de los que hablábamos la última vez.

SR ROJAS   Sí, es verdad, me ha hecho pensar mucho y noté en particular durante la entrevista en España que el señor Brown no se esforzó tanto como esperaba yo.

SR MARTÍNEZ   Pero, el ambiente, ¿cómo era, difícil o no?

SR ROJAS   No, nada de eso, era muy satisfactorio.

SR MARTÍNEZ   Imagínese ahora que se encuentra Vd. en presencia del comprador. ¿Cuál será su meta?

SR ROJAS   Pues . . . venderle mi producto, ¿no?

SR MARTÍNEZ   No se precipite. En su profesión no le será siempre posible conseguir un pedido al primer encuentro.

SR ROJAS   Entonces, si no vendo mi producto, ¿cuál es mi meta?

SR MARTÍNEZ   Desde el principio de la entrevista Vd. debe hacer todo lo posible para establecer un ambiente de confianza porque, como he dicho antes, las buenas relaciones están basadas en la confianza mutua. Hace falta siempre una clientela muy numerosa y esto solamente puede conseguirse así.

SR ROJAS   Sí, ya lo creo, pero. . . .

SR MARTÍNEZ   Fíjese. Lo que Vd. vende es la idea y el deseo de comprar, y le será más fácil conseguirlo en un ambiente favorable y aunque no tenga éxito la primera vez, la buena impresión que establecerá le asegurará una recepción amigable la próxima.

SR ROJAS   Pero, ¿cómo puede uno estar seguro de conseguir un ambiente ventajoso?

SR MARTÍNEZ   Por lo que mencioné antes, y por el proceso que habrá visto durante la entrevista a la cual asistió con el señor Brown en Madrid. A lo mejor éste no pasó mucho tiempo charlando excesivamente, habrá discutido con el comprador su viaje, le habrá dado las gracias por concederles la entrevista y cosas así, ¿no?

SR ROJAS   Sí, eso es.

SR MARTÍNEZ   Pero lo que es difícil de explicar, y que uno aprende poco a poco es que al sondear al comprador sus propias opiniones el representante puede estar usando una forma de sicología empírica. Todos aprendemos por comparaciones y con los compradores, aunque de vez en cuando parecen enemigos casi, son de todas formas seres humanos.

SR ROJAS Y es, en efecto, como cualquier encuentro con una persona desconocida – un caso de sentir el ambiente, y tratar de participar en una conversación mutua.

SR MARTÍNEZ Sí, y con todo, Vd. se dará cuenta de que la preparación cuidadosa de su presentación es de suma importancia.

SR ROJAS ¿Quiere decir que yo debiera preparar una presentación detallada como la que Vd. me indicó la última vez?

SR MARTÍNEZ De ningún modo. Claro le resultará muy provechoso preparar una lista detallada, pero no olvide que cada presentación es única en su género. Vd. debe evitar toda impresión de pronunciar un monólogo, sea preparado de antemano o no. En vez de esto, como mencioné antes de su visita a Madrid, hay que introducir siempre un diálogo empleando la segunda persona de cortesía (Vd.) y así hay más posibilidades de que se interese más en el proceso.

SR ROJAS Además empleando este método se crea un ambiente sin tensión.

SR MARTÍNEZ Exactamente, y si el representante introduce una serie de cuestiones bien seleccionadas, conocerá pronto los problemas del comprador y se hallará también más capacitado para afrontarlos. En consecuencia hace falta acentuar las características especiales de sus productos.

SR ROJAS Así que otra vez la solución consiste en interesarse abiertamente en los problemas y necesidades del comprador. Pues, siento tener que preguntarle otra cosa después de sus explicaciones pero, ¿cuál sería el mejor método para conseguirlo? Porque ya veo que no existe táctica universal que se puede usar en todas circunstancias.

SR MARTÍNEZ Es lo que le he dicho antes y en resumen Vd. procurará que el comprador entre en la conversación, le hará preguntas directas, usando el pronombre personal 'Vd.'.

SR ROJAS Frases como '¿Vd. no cree?' o '¿Qué opina Vd.?'.

SR MARTÍNEZ Exactamente, pero a fin de crear una atmósfera de venta favorable es mejor provocar respuestas positivas desde el principio de la conversación. El secreto está en saber ponerse en el lugar del otro y una vez que el comprador empieza a hablar, no le interrumpa, aunque le critique a Vd. Él se formará una mejor opinión de Vd. y de su empresa si le demuestra que Vd. sabe interesarse por sus problemas. No menosprecie la táctica del silencio porque el don principal del buen vendedor es el de saber escuchar.

SR ROJAS Y en esto de la presentación, hay todavía ciertos representantes que se sirven de una presentación automática y bien practicada.

SR MARTÍNEZ Rara vez consiguen su fin así. Puede que tal método tenga éxito, por ejemplo, cuando el comprador ya se ha decidido a hacer un pedido. Pero en tal caso no puede decirse que el éxito de la venta sea el resultado del método que ya ha sido empleado.

SR ROJAS Y si el comprador aparece completamente desinteresado y sin participar lo más mínimo en la conversación, ¿qué hago?

SR MARTÍNEZ Si al representante le pasa algo así puede estar seguro de que ha actuado mal, no ha logrado lanzar al comprador a la conversación y resulta que no logra buena acogida. Así es que debe ser diplomático y tratar de pedir otra entrevista. Si no, arriesgará perder el contacto con él.

SR ROJAS   Me parece que para ser un buen representante hay que ser un buen sicólogo.

SR MARTÍNEZ   Desde luego, y, puesto que en el comprador no está el hacer preguntas, debe descubrir su punto de vista por sus expresiones, gestos y sus obervaciones, por muy inoportunas que parezcan. A veces la obervación más vaga puede contener información esencial y en todo caso es claro que Vd. debe tratar de formarse una impresión completa de sus opiniones y prejuicios, incluso de los problemas no formulados.

SR ROJAS   Pues, otra vez le doy las gracias por la atención que me ha prestado.

SR MARTÍNEZ   De nada. Vd. hace bien porque, aunque suene algo pomposo, el mejor substituto de la falta de experiencia son los consejos de sus colegas. Bueno, adiós y hasta la próxima.

Cuestionario

Use las palabras claves después de cada pregunta y extienda su respuesta.

1   ¿Cuál debería ser el objetivo principal cuando Vd. se encuentra en presencia del comprador por primera vez? ambiente

2   Explique Vd. cómo puede conseguir un ambiente de confianza durante la entrevista con el comprador. diálogo

3   ¿Cómo debería Vd. preparar su presentación? cuestiones seleccionadas

4   ¿Cuáles son las desventajas de una preparación demasiado preparada? no envolver. . . .

5   ¿Por qué es necesario dejarle al comprador seguir hablando sin interrumpirle? demostrar interés

6   ¿Cómo puede hacer frente a un comprador que desde el principio de la entrevista da una impresión antipática? descubrir objeciones

Para discutir

¿Cómo podría Vd. convencer a un comprador de la seguridad de sus productos, digamos juguetes, a cuyo almacén se ha mandado una reclamación?

en contra
la moda
explotar a los niños
producción en serie
publicidad
vender a toda costa
no satisfacer requisitos

manera de actuar
obrar con tacto, escuchar crítica
si válido, aceptar responsabilidad
 – acción
si no – y es excepción – aceptar responsabilidad – carta al cliente
garantizar
relaciones públicas
convencer al comprador de
 buenas intenciones
hacer todo lo posible evitar semejante problema
asegurar confianza mutua

Caso 1

REPRESENTANTE Buenos días. Soy Miller, y represento Hanley Products. De momento disponemos de una serie completa de aspiradoras que me gustaría enseñarle a Vd. Tienen, puede ve, todos los más modernos adelantos y gozan de una buena reputación. ¿Quizás las conoce ya?

COMPRADOR Por desgracia no.

REPRESENTANTE Pues permítame mostrarle el folleto este. Como ve está muy bien ilustrado y tiene todos los detalles del producto y de los precios. Puedo asegurarle que no admiten competencia ni en precio ni en calidad y no hay otras iguales en Europa. Mi experiencia en este campo confirma este punto de vista y Vd. puede creerme, señor, que no trabajaría con esta firma si no estuviera seguro de que es una de las mejores.

COMPRADOR Sí, pero aunque el diseño es muy avanzado es el precio que me resulta demasiado elevado.

REPRESENTANTE Sí, las máquinas son muy bonitas, ¿verdad? y este aparato tiene la ventaja de que puede ser manejado con muchísima facilidad. Aquí como Vd. puede ver, la limpieza y los efectos del control del motor no ofrecen ninguna dificultad; incluso un niño puede fácilmente usar esta máquina.

COMPRADOR Ya lo creo, señor Miller, pero dígame, ¿cuál es el descuento que ofrece su firma por un pedido de cien piezas de cada gama.

REPRESENTANTE Aquí ve Vd. en la lista de precios todos los descuentos que ofrecemos, y su alta calidad está reconocida por todas partes.

COMPRADOR Oiga señor, ¿quiere Vd. dejar conmigo sus folletos y su lista de precios? Si necesito algo, me pondré en contacto con Vds. Y ahora si me permite. . . .

Vocabulario
la aspiradora *vacuum cleaner*

Análisis del caso

Escuche o lea de nuevo el díalogo y conteste a estas preguntas.
1 Aunque el representante interesa al comprador con sus productos, ¿por qué no logra venderlos?
2 Enumere los errores cometidos por el representante.

Ejercicio de reconstrucción

1 Cambie las respuestas del representante teniendo en cuenta los puntos siguientes:

los pros	*los contras*
diseño	precio
funcionamiento del aparato	descuento
calidad	comportamiento del representante

2 Tomen Vds. los papeles del representante y del comprador y traten de cambiar el resultado de este caso. Practíquense por parejas basando la entrevista en las respuestas que acaban de terminar.

Caso 2

REPRESENTANTE   Buenos días señor. Mi nombre es Macdonald y soy el representante de la casa Hanley Products.

COMPRADOR   Buenos días, señor Macdonald.

REPRESENTANTE   Supongo que su secretaria le habrá informado que fabricamos aspiradoras y que estamos a punto de introducir una gama completamente nueva.

COMPRADOR   Pues, no. Ya sabiá que tenía una entrevista con Vd. esta mañana, pero mi secretaria acaba de darme su tarjeta. Dígame, ¿qué tiene para mostrarme?

REPRESENTANTE   Aquí tiene Vd. los nuevos folletos y una lista de precios bastante extensivos que contienen todos los detalles necesarios. Pero sólo tengo conmigo el modelo más barato. La diferencia más marcada con nuestras nuevas máquinas es que los efectos del control del motor son más fáciles de manejar y además el estilo es muy moderno y elegante. ¿No cree Vd.?

COMPRADOR   Sí, no están mal, pero ¿podría darme más especificaciones? El precio también me parece bastante alto.

REPRESENTANTE   Pues, ciertamente no son baratas, pero podemos reducir el costo considerablemente según la cantidad que se compran. Ya verá Vd. los descuentos que ofrecemos en la lista aquí. Fíjese en ésta, la más cara de la serie. Si pide cien modelos podemos darle un descuento de un $7\frac{1}{2}$ por ciento que no está mal, ¿verdad? Y las especificaciones; ésta más barata por ejemplo no pesa lo que parece.

COMPRADOR   ¿Puedo verla?

REPRESENTANTE   Tómela, señor. Muy fácil para una señora encinta, ¿no? o para una anciana que tiene que limpiar su propia casa. Tiene los pesos y demás detalles en la lista adjunta.

COMPRADOR   Mire. El manejo no parece ser demasiado difícil y los mandos . . . sí, tiene razón se manejan fácilmente. Pero, el botón este me parece que está colocado en una posición difícil de alcanzar.

REPRESENTANTE   Francamente estoy de acuerdo pero aquí a la derecha hay un sitio más accesible y no hay problema en cambiar de posición. Si le parece bien, su crítica la puedo mencionar al jefe de producción porque no les va a costar trabajo cambiarla.

COMPRADOR   Bueno, me convendría, sí.

REPRESENTANTE   Entonces, cuando vuelva a la fábrica hablaré con el jefe y después de oír sus opiniones, podré pasar por aquí la semana que viene. ¿Qué día sería mejor, señor?

COMPRADOR   Bueno, espere un momento. Señorita Zarco, mi diario por favor.... Digamos el miércoles a las diez y media.

Vocabulario
el mando   *the control (button or switch)*

Análisis del caso

1 Compare las presentaciones de los dos representantes.
2 ¿En qué momento de su presentación el representante corre el peligro de ir al fracaso?
3 ¿Cree Vd. que el representante ha prometido demasiado en cuanto a las modificaciones?
4 Enumere los problemas de prometer algo impulsivamente.

Reconstrucción del caso

Escuche de nuevo el caso.
1 Hable por el representante practicando primero con el texto y después sin él.
2 Hable por él evitando su exceso de entusiasmo.
3 Por parejas reconstruya la entrevista cambiando la manera de expresión.

Glosario de términos relacionados

El descuento:
descontable	*eligible for discount*
los descuentos concedidos a clientes	*sales discounts*
la bonificación por cantidad	*quantity discount*
la rebaja al revendedor	*trade discount*
un cinco por ciento de descuento por pago al contado	*five percent discount for cash*

La producción:
la producción en serie	*mass production*
ampliar la producción	*to expand production or output*
estandarizar, normalizar	*to standardize*
el subproducto, el derivado	*by-product*
el producto transformado	*manufactured or processed product*
el rendimiento	*profit, returns*
el rendimiento decreciente	*diminishing returns*
los costes variables	*variable costs*

Práctica

Efectivamente el director de compras ha decidido hacer un pedido pero quiere comparar las ventajas de los descuentos ofrecidos. Base su respuesta tanto en el segundo caso que acaba de oír como en la lista de vocabulario y comuníquele el resultado de su conversación con el jefe de producción.

Unidad 7

La presentación del producto

Introducción

Hasta ahora hemos venido estudiando la importancia de una buena preparación profesional, cómo interesar al comprador y lanzarle a la conversación. Aquí en esta unidad vamos a examinar la presentación de su producto y las objeciones que el comprador pudiera poner durante esta presentación.

Si cree uno tener todas las bazas en contra hay que retirarse antes del fracaso, antes de recibir una respuesta negativa al final de la entrevista, pero es esencial tratar de descubrir las objeciones del comprador; si Vd. las ignora no puede desarrollar un nuevo plan de acción. ¿Cuáles son las objeciones posibles? ¿Se trata del precio? ¿De la calidad? ¿Quizás el precio sea demasiado bajo? ¿Quizás el comprador ya tiene demasiado género? ¿Quizás el comprador cree que no necesita de otro abastecedor en este ramo? Por consiguiente el representante debe adaptar su presentación para afrontar estas objeciones, sean directas o eventuales. Es mejor poner al día todas las objeciones eventuales a la transacción porque si el representante trata de escamotear las dificultades se comporta como un novato en el oficio – esta actitud perjudica al representante y, lo que es aun más importante, a su firma.

Sin embargo si algunas objeciones son inevitables, un retraso en la entrega, por ejemplo, es el representante quien tiene que abordar la cuestión y tomar la iniciativa. Así es preciso prever las críticas, y nunca silenciarlas, incluso aunque el cliente no hable de ellas, porque aunque pueda perder de vista las objeciones en el momento en que un representante, enérgico y persuasivo, le está hablando, a continuación pensará en las críticas no formuladas y se dará cuenta de que ha sido víctima de sus manejos (lo cual pone en juego los pedidos futuros). Y el que primero habla de ellas es él que escoge las tácticas del ataque.

Vocabulario
tener las bazas en contra   *the game to go against one*
la baza   *trick (in cards)*
el abastecedor   *supplier*
escamotear   *to conceal from*

Diálogo

SR MARTÍNEZ   Aquí está su whisky.

SR ROJAS   Gracias. Es mucho más cómodo hablar aquí en el bar, ¿no?

SR MARTÍNEZ   Ya lo creo.

SR ROJAS   Bueno, pues, si no le molesto ¿podemos continuar nuestra conversación?

SR MARTÍNEZ   Claro, ¡cómo no!

SR ROJAS   Me decía después de mi reciente viaje de negocios que el primer objetivo es crear un ambiente de confianza mutua durante la presentación, pero no me ha hablado de la presentación misma de mi producto durante la entrevista.

SR MARTÍNEZ   Decíamos la última vez que debe provocar el interés del comprador antes de presentar su producto para que desee verlo. Pero no olvide que es mejor hablar en términos generales, por ejemplo, de las ventajas financieras, el servicio post-ventas y la entrega que podrá ofrecer. Luego después de la introducción, una vez que el comprador se halle interesado, muéstrele el producto.

SR ROJAS   Pero, esto de interesar al comprador puede fallar completamente sobre todo cuando se trata de uno de esos compradores como Díaz de la Companía B.R.U. Ya sabe lo que pasó el otro día con el jefe de la división industrial, ¿no? Éste me decía ayer que nunca había experimentado una entrevista tan desastrosa, y eso con un representante tan ducho como él.

SR MARTÍNEZ   ¿Qué es lo que pasó?

SR ROJAS   Es que al señor Díaz le interesó la idea de comprobar nuestro proceso XB2 pero durante la entrevista no demostró ningún interés, ninguno en absoluto, y no nos dejó explicar ni tan siquiera cualquier detalle de las investigaciones. Me parece ilógico porque si el proceso tiene éxito, fíjese en la publicidad que pudiera tener para su empresa. Francamente no lo entiendo.

SR MARTÍNEZ   Oiga, Vd. ha puesto el dedo en la llaga. Este es uno de los problemas casi imposibles de resolver. La única cosa que se puede hacer, y esto es lo que a nuestro hombre le va a costar mucho trabajo, es adoptar una actitud más paciente porque la dificultad principal en este caso es el precio, y B.R.U. no quiere sufragar un programa de investigaciones sin estar convencido de que habrá un beneficio para ellos.

SR ROJAS   ¡Hala! Aquí está. ¡Qué mala cara tiene!

SR MARTÍNEZ   ¡Hombre! Hablando del rey de Roma. ¿Quiere tomar una copita con nosotros?

JEFE INDUSTRIAL   Apuesto a que tiene que ver con B.R.U. ¡Vaya una vida que llevamos! ¡Ay, Dios Santo! Ya ve Vd. que este trabajo no es como parece.

SR ROJAS   No me diga. No sé si sabía que paso por lo menos una hora con el director discutiendo los problemas de un representante para que pueda saber yo mismo por donde me ando.

SR MARTÍNEZ   Discutíamos las dificultades de interesar a los compradores lo cual a veces es difícil aun cuando Vd. utilice el método de las preguntas directas. No deberá hacer demasiadas preguntas, para evitar que el comprador 'se mosquee'. Sea lo que fuere, Vd. debe estar preparado para enfrentarse con alguna oposición.

JEFE INDUSTRIAL   Y, a veces con uno tan terco como el señor Díaz.

SR ROJAS   ¡Ay! Lo siento. Pero, ¿oposición? ¿qué quiere Vd. decir con eso?

SR MARTÍNEZ   Ya hemos señalado los motivos positivos que inducen al comprador a hacer un pedido, pero Vd. debe tener en cuenta que también existen muchos motivos negativos.

SR ROJAS   ¿Cosas tales como precio y entrega por ejemplo?

SR MARTÍNEZ   Sí, y a Vd. le pueden parecer ventajas, pero es posible que el comprador las considere desventajas, aunque parezca una paradoja.

SR ROJAS   Así que hay que evitarlas.

SR MARTÍNEZ   No, no es cuestión de evitarlas, porque constituyen evidencia concreta de los problemas particulares del comprador, que Vd. debe usar para lanzar sus propios argumentos y así establecer su presentación sobre una base firme.

SR ROJAS   Ya entiendo pero supongo que si se descubren algunas faltas, ¿no reduce esto la posibilidad de una venta favorable?

SR MARTÍNEZ   No, no siempre. A menudo, según ciertas circunstancias los defectos posibles pueden convertirse en ventaja suya.

SR ROJAS   ¿Quiere darme un ejemplo?

SR MARTÍNEZ   Puede que un representante tenga la impresión de que un comprador futuro está preocupado por la idea de que los productos sean invendibles debido a la acumulación de existencias que la empresa tiene dispuesta. En tal caso un representante experto puede explicar esto diciendo que la capacidad de producción de su firma ha aumentado tanto a causa de la demanda, que el problema de entrega no causa ningunas dificultades y, por consiguiente, tienen siempre disponible gran provisión de géneros.

SR ROJAS   Y por otra parte, ¿qué pasaría si el representante tiene que disculparse por una demora de entrega excesivamente larga?

SR MARTÍNEZ   Pues bien, puede evitar fácilmente tales dificultades acentuando la calidad de su producto y además la gran demanda debido a su popularidad.

SR ROJAS   ¿Le parece entonces que si se anticipan los problemas es posible explotarlos a su favor?

SR MARTÍNEZ   No siempre, porque existen situaciones en que es imposible disculparse. En tal caso es conveniente que el representante se responsabilice de lo sucedido para proteger la reputación de su firma. Esta actitud y crítica de sí mismo le impresionará más al comprador que puede estar más dispuesto a hacer un pedido.

SR ROJAS   Pero es algo peligroso, ¿no?

SR MARTÍNEZ   Puede serlo. Sin embargo, lo más importante es no dar la impresión de sentir complejos de inferioridad por miedo a perder su confianza. Si el representante es el primero que habla de los problemas, es él quien escoge el campo de ataque; pero por el otro lado, si es el cliente quien habla de ellos, el representante se encuentra netamente en desventaja y, además a la defensiva.

SR ROJAS   Y nunca eludir el tema de ningún modo.

SR MARTÍNEZ   No. Es preciso hablar de él, con franqueza y sinceridad y antes de que el comprador pueda abordarlo personalmente.

SR ROJAS   De acuerdo, pero se ha referido a casos donde no es siempre posible sacar provecho de las críticas y ¿qué es lo que se puede hacer en éstos?

SR MARTÍNEZ   Bueno, pues, tomemos el ejemplo de un representante que garantiza una entrega con un retraso máximo de ocho días y no se hace en el tiempo deseado, esto deja una impresión malísima en el comprador. Así que es esencial que se disculpe y que incluso se considere responsable, pero sobre todo no criticar a la compañía, puesto que es el hombre, y no la casa comercial, el que es culpable. El cliente podrá comprender que equivocarse es de seres humanos. El representante carga con la responsabilidad, su firma queda indemne.

SR ROJAS   Pero ¿qué pasará si el comprador pone objeciones que yo no hubiera anticipado?

SR MARTÍNEZ   ¡Uy! Sería mejor esperar hasta otro día para considerar este aspecto. Es que de momento tengo prisa, pero puede suguir charlando con su colega y no olvide que dentro de poco tendrá Vd. que trabajar con él. Bueno, amigos, adiós, hasta mañana.

Vocabulario

poner el dedo en la llaga   *to hit the nail on the head*

hablando del Rey de Roma   *talk of the devil! (latter part fre-*
(y por la puerta asoma)   *quently dropped)*

mosquearse   *to get annoyed*

las existencias   *supplies, stocks*

Cuestionario

Conteste detalladamente a las preguntas siguientes, basadas en el diálogo, usando si quiere los indicios.

1   ¿Cómo debe comportarse Vd. en su presentación?
    términos generales, luego producto

2   ¿Por qué no debe Vd. hacer demasiadas preguntas al comprador?
    ¡provocar interés, no hostilidad!

3   ¿Cuáles son las objeciones principales que Vd. encontrará durante la entrevista con el comprador?
    precio . . .

4   Cite algunos ejemplos del tipo de objeciones que Vd. puede convertir en ventaja suya.
    retraso . . .

5   ¿Qué oportunidades le ofrecen las objeciones del comprador?
    tomar iniciativa

6   ¿Cómo puede Vd. utilizarlas en su beneficio?
    acentuar otro aspecto

7   ¿Por qué no debe Vd. evitar cuestiones de crítica?
    evidencia de interés, 'sinceridad'

Para discutir

1   Use, si le hacen falta, las observaciones a favor del argumento y enumere las posibles objeciones de un comprador al saber que:

a. la empresa tiene excesiva provisión de géneros
  – invendibles
  – bienes defectuosos
  – precios elevados
  – falta de previsión

b. la empresa tiende a llevar un retraso en sus entregas
  – falta de organización
  – problema de producción
  – huelgas
  – indigna de confianza

c. existe desde hace bastantes años
  – pasada de moda
  – poca solvencia
  – organización no moderna

d. su casa acaba de crearse hace poco tiempo
  – falta experiencia
  – falta estabilidad
  – ¿solvencia?
  – supramoderna
  – ¡precios demasiado bajos!

2   Ahora tomando el papel del representante convierta todas estas objeciones en ventaja suya.

Caso

La producción agrícola española sigue siendo un aspecto importante de la economía nacional y para mejorar su producción anual ha sido esencial modernizar sus métodos en particular mediante la adquisición de maquinaria agrícola – cultivadoras y segadoras de motor, tractores, etc.

Según un estudio de las cifras de importaciones españolas y después de llevar a cabo una investigación del mercado, un fabricante inglés ha localizado un punto en el cual basar su campaña de venta en este mercado. Visita a un comprador a quien recientemente ha vendido veinte segadoras intentando usar esta campaña de publicidad en la misma zona.

REPRESENTANTE   Buenos días, señor Molina.

COMPRADOR   Buenos días, siéntese, por favor.

REPRESENTANTE   Gracias. Le agradezco que me haya concedido esta entrevista. Mi nombre es James, y como sabe, represento la casa Madderston Bros. de Brístol. Creo que les mandamos hace poco últimos folletos de nuestros productos con una lista de precios dando los descuentos convenientes.

COMPRADOR   Sí, es verdad, los tengo por aquí, pero francamente, señor James aunque nos es necesario importar máquinas, y no es el coste exactamente que nos preocupa, hemos sufrido tantas dificultades con el servicio post-ventas que pensamos seriamente importar maquinaria de otros países.

REPRESENTANTE   ¿Qué ha ocurrido?

COMPRADOR   Oiga, el año pasado, por mayo, hablaba con su jefe de exportación, el señor Hetherington, durante una visita a su exposición en Londres y al hacerle un pedido, bastante grande ¡eh!, me aseguró que me garantizaría piezas de recambio, y que si fuera necesario me mandaría técnicos. Pero, en definitiva, nada en absoluto. Mientras por otro lado la cooperativa Tamarit, que ha comprado sus máquinas a los alemanes, ha recibido toda la cooperación posible.

REPRESENTANTE   Ya entiendo.

COMPRADOR   En fin, señor James, ya ve Vd. que después de tantas desgracias, pensamos cambiar de proveedores. Reconozco la calidad de su maquinaria pero, no hay más remedio, ¿sabe?

REPRESENTANTE   Señor Molina, lo siento mucho, pero, créame, no tenía ninguna idea de la gravedad del problema, porque la política de mi empresa es tal que hacemos todo lo posible para satisfacer a nuestros clientes y no se trata de vender el producto solo, sino el servicio también.

COMPRADOR   Pero, ¿qué va a hacer?

REPRESENTANTE   Debe de haber una solución y le prometo que en cuanto pueda esta tarde, voy a mandar un cable a mi jefe indicando sus quejas. Pero primero, ¿quiere Vd. darme una lista de sus problemas, defectos, recambios o lo que sea?

COMPRADOR   Le agradezco el que por lo menos Vd. se sienta responsable pero es simplemente una cuestión de economía, promesas no. Hemos comprado sus productos y nos han resultado muy caros tanto en tiempo como en dinero. Vd. sabe muy bien que su publicidad, su reputación y todo no significa nada si un posible comprador en un radio de cien kilómetros de aquí sabe que las garantías de su firma no son nada más que promesas vanas.

REPRESENTANTE   Señor, entiendo perfectamente lo que Vd. dice, pero este contratiempo le afecta a Vd. también, y yo creo que sería mejor que primero me diera su lista para ponerme en contacto con mi jefe.

El representante manda el cable siguiente:

Acogida fría STOP Pedigrosa Competencia alemana Müller STOP Culpa nuestra falta servicio post-ventas piezas recambio imposibles obtener STOP Mande piezas urgentemente si no perderemos mercado por completo STOP Esencial recibir repuestos siguientes . . . Conteste rápido.

(Recibe noticias de que la firma va a mandar lo necesario y telefonea al señor Molina para fijar una nueva entrevista. . . .)

REPRESENTANTE   Buenos días, señor Molina. Aquí tiene Vd. el cable que recibí esta mañana antes de llamarle. Ya sé que Vd. puede defenderse bastante bien en inglés y, como ve, dicen que van a entregarle las piezas necesarias dentro de ocho días, y, lo que es más importante han contratado un concesionario en la cuenca de Jácar, cerca de Játiva.

COMPRADOR   ¿Quién es?

REPRESENTANTE   Es que ayer iba a informarle que procuramos facilitar el problema de repuestos y según el cable todo está arreglado. Si Vd. quiere, podemos llamarle, es un tal señor Jordana, propietario de unos talleres de reparación bastante grandes.

COMPRADOR   No, no hace falta, puedo hacerlo después. Pero, dígame, su firma me ha asegurado una vez que no tendría problemas, y ahora Vd. me dice lo mismo. ¿Cómo puedo estar seguro de que no vuelven a dejarme plantado?

REPRESENTANTE   Señor Molina, al llegar a Brístol la primera cosa que voy a hacer es investigar su caso, y ya sé que en este momento mi jefe estará enfadadísimo y que no va a parar hasta que descubra al responsable de esto. Ya entiendo perfectamente su disgusto, pero quizás ahora verá que es un asunto muy serio para nosotros también.

COMPRADOR   Claro.

REPRESENTANTE   Y, para compensarle por sus dificultades, ¿qué le parece si preparamos una campaña de publicidad en la región usando fotos de sus explotaciones con nuestras máquinas también claro, pero en vez de tener que comprar sus piezas de recambio puede recibirlas gratis del señor Jordana y le pagaremos nosotros la cuenta?

COMPRADOR   Y si acepto su oferta ¿qué descuentos ofrecen en el caso de hacer un nuevo pedido?

REPRESENTANTE   Varían generalmente, como sabe, entre 25 y 35 por ciento según la importancia del pedido, pero hablaré con mi jefe a ver si podemos hacerle un descuento especial.

COMPRADOR   Y sus condiciones de pago ¿han cambiado?

REPRESENTANTE   No, lo hacemos a 30 días generalmente, pero con franqueza no se preocupe demasiado, le escribiré pronto con todos los detalles necesarios.

COMPRADOR   Como dije ayer, los precios son razonables pero su servicio postventas tendrá que ser el 100 por ciento que Vd. promete. Ahora señor James si le apetece, vamos a tomar una copita, hay un mesón típico de la región cerca de aquí que le gustará. . . .

Vocabulario
las piezas de recambio   *spare parts*
el concesionario   *agent*
dejarle (a uno) plantado   *to leave someone high and dry, in the lurch*
la explotación   *estate, farm, holding*

Análisis del caso

Escuche y lea el caso de nuevo. Analícelo detalladamente y conteste extensivamente a las preguntas.

1   Indique la situación en que todo hubiera ido al fracaso de no haber sido por la iniciativa del representante.
2   ¿Cómo convenció el representante al cliente de que no tendría más problemas?
3   ¿Cuáles son las ventajas del sistema de concesionarios?
4   ¿De qué forma el representante defendió la reputación de su firma?
5   ¿Cuáles son las ventajas para el cliente que el representante sugirió al mencionar la publicidad?
6   Si el representante no hubiera convencido al cliente, ¿qué nueva táctica podría haber usado?

Reconstrucción del caso

1   Hable por el representante en el mismo sentido pero variando su presentación.
2   Repita el caso practicando por parejas teniendo en cuenta las objeciones y observaciones siguientes:
    problemas de servicio post-ventas
    comparación con compañía alemana
    promesas no cumplidas
    peligro a la reputación de la firma – ¿amenaza?
    asegurar no repetir problema
    echar culpa a colega
    ventajas de publicidad
    descuento

Discusión

Con vistas a mantenerse en el mercado por un largo plazo no es aconsejable vender a los grandes almacenes en Valencia. ¿Por qué?
Considere estos puntos:
un almacén no se envuelve en los problemas prácticos
más publicidad en la zona en cuestión

Entrevista

Después de volver a Brístol visita a su jefe y le explica el resultado de la entrevista.
Déle toda la información necesaria que se refiere a los problemas del señor Molina.
Use los puntos indicados en el ejercicio de reconstrucción.

Glosario de términos relacionados

La distribución:

el proveedor, el suministrador, el abastecedor	*supplier*
el distribuidor	*distributor*
el contratante	*contractor*
la fuente de aprovisionamiento	*source of supply*
cotizar (indicar) precios	*to quote prices*
nos reservamos el derecho de alterar los precios sin previo aviso	*prices subject to change without notice*

Las reclamaciones:

la queja	*complaint*
la reclamación justificada	*legitimate claim*
tener motivo de queja	*to have cause for complaint*
sacar muestras	*to spot-check*
conceder una rebaja del precio	*to make an allowance*
otro envío del mismo artículo recambio en caso de defecto	*replacement*

Práctica

Ha habido un problema con la distribución de piezas de recambio y, posiblemente un defecto en el funcionamiento de un motor. Vd. tiene que proteger la reputación du su firma y a la vez satisfacer las quejas justificadas del cliente.

Unidad 8

Las objeciones no anticipadas

Introducción

Acabamos de discutir las objeciones que el representante debiera prever y cómo se debe preparar para superarlas. Es evidente que más vale anticipar preguntas difíciles que verse obligado a improvisar. Pero aun en el caso de una preparación concienzuda habrá ocasiones en las que el comprador le haga una pregunta inesperada. Como ya hemos visto, es imprescindible tener preparada una respuesta para cualquier clase de objeción a fin de crear un ambiente favorable para la venta. El representante que trata de eludir las dificultades demuestra una falta de profesionalidad y de perspicacia, pero por otro lado, hay que evitar anticiparse precipitadamente a las objeciones del comprador cuando éstas no sean convenientes. En tal caso el representante se expone a que le salga el tiro por la culata, es decir, que el arma se vuelva en contra suya. El representante sólo a través de su propia experiencia debe juzgar si se pueden hacer las objeciones mientras el poco experimentado debe tratar de adaptarse a las circunstancias a medida que la entrevista sigue su marcha.

Además, por eludir las dificultades, tal actitud perjudica al representante, quien se verá considerado como poco serio o quizás deshonesto. Examinemos ahora la importancia de saber aprovechar cualquier desventaja que pudiera presentarse.

Vocabulario
salirle (a uno) el tiro por la culata   *to backfire, boomerang, recoil on one*

Diálogo

SR ROJAS   Buenos días, señor.

SR MARTÍNEZ   Ah, buenos, un momento por favor, Señor Rojas . . . Ya está, bien.

SR ROJAS   Si tiene tiempo, ¿podemos continuar la conversación del otro día en el bar?

SR MARTÍNEZ   Tenía que ver con las objeciones, ¿no?

SR ROJAS   Sí, y le preguntaba lo que pasaría si el comprador pusiese objeciones que yo no hubiera anticipado.

SR MARTÍNEZ   ¡Ah, ya! Aproveché la oportunidad de evitar la pregunta y me fui. Pero, en fin, es muy general en cualquier situación cotidiana, aparte de la vida comercial, el que uno tenga que adaptarse a las circunstancias y preparar su conversación según las opiniones del otro. En este caso es lo mismo, pero no olvide que lo más importante es no callarse, porque el silencio puede provocar la hostilidad del comprador.

SR ROJAS   Sí, claro pero ¿no es verdad que en la mayoría de los casos las objeciones son el resultado de la indecisión del cliente?

SR MARTÍNEZ   Tiene razón, y apuesto a que ha estado leyendo algo sobre la sicología del arte de vender.

SR ROJAS   Sí, llevo ya varios meses estudiando todos los textos posibles, tanto ingleses como norteamericanos.

SR MARTÍNEZ   Pues, además de ser una forma de indecisión, una objeción es otra manera de pedir información. Por eso el representante debe analizar la naturaleza de aquélla, sea como Vd. ha indicado trivial, legítima, la que se puede contestar, la que no o, peor de todas, la que es prejuicio. En cualquier caso lo más importante es considerarla esencial y una parte del proceso, aunque parezca que el comprador la pone por amor al arte.

SR ROJAS   ¿Me quiere Vd. explicar?

SR MARTÍNEZ   Bueno, si al cliente le cuesta trabajo tomar una decisión, y en muchos casos se debe a que tiene miedo, entonces lo que hace es lo más fácil y pone una objeción. Fíjese, el cliente medio al considerar la compra de algo, sea un artículo o un servicio, por ejemplo una póliza de seguros, piensa en seguida en las razones para no comprarlo, y esto pasa muchas veces si desea comprar y está a punto de decidirse a dar el sí rotundo.

SR ROJAS   Sí, ya lo veo pero, ¿quiere enumerarme los tipos de objeciones que se suele encontrar?

SR MARTÍNEZ   Pues bien, empecemos con las objeciones triviales, pero francamente no hace falta que le explique éstas, ¿verdad? Es que se da cuenta en seguida de que éstas no son nada más que excusas.

SR ROJAS   Sí, y supongo que sin mucha experiencia uno puede reconocerlas.

SR MARTÍNEZ   Desde luego, son por ejemplo como los prejuicios, pero además las hay que son difíciles de contestar – objeciones que son efectivamente opiniones de oídas. Sin embargo las que Vd. debe tener muy en cuenta son las objeciones que el comprador no manifiesta y ya que el representante no puede contestar a una objeción sin saber su naturaleza, tiene que tratar de sondeársela.

SR ROJAS   Pero, por regla general ¿no es verdad que la objeción más frecuente es la que se declara voluntariamente?

SR MARTÍNEZ   Sí, claro. Y en el caso de dificultades de pago, de diseño o de cualquier otro problema particular de este cliente sería mejor examinar el asunto juntos con el fin de encontrar la solución apropiada.

SR ROJAS   De acuerdo, pero supongamos que critique a mi firma. ¿Tengo yo que aceptar la responsabilidad?

SR MARTÍNEZ   Sí, Vd. debe aceptar sus críticas pero sin echar la culpa a un colega y demuéstrele francamente que Vd. se interesa en sus problemas; así restablecerá la confianza.

SR ROJAS   Pero como empleado de la compañía yo sabría si tiene razón o no y podría demostrarle que estaba equivocado.

SR MARTÍNEZ   Sí, y también correr el riesgo de ganar en la discusión y perder el pedido y quizás al cliente para siempre, porque a él no le sería muy grato admitir que estaba equivocado.

SR ROJAS   Pero según lo que he estado leyendo es posible evitar estas objeciones con una presentación impresionante, que no le deje tiempo para pensar, ¿no?

SR MARTÍNEZ   Quiere decir operar la venta 'a alta presión', ¿no? Pero, fíjese, hay muchísimos peligros en esta técnica y por desgracia el cliente se acordará de sus objeciones más tarde y le puedo asegurar de que Vd. *nunca* volverá a vender allí. Es una técnica que consiste en ejercer presión de forma ostensible sobre el cliente.

SR ROJAS   Lo que dará como resultado volverle desconfiado.

SR MARTÍNEZ   Sí, desconfiado tanto del producto como de la empresa. Es, sin embargo, aplicado con mucho éxito por los representantes norteamericanos, pero también es un sistema que sólo sale bien una vez. Siendo un método para vender a toda costa y en perjuicio de la verdad es raro que el representante pueda volver a vender al mismo cliente por segunda vez.

SR ROJAS   ¡Quiere decir que no es que toda decepción sea deshonesta sino que hace perder clientela!

SR MARTÍNEZ   Sí, pero desde el punto de vista comercial esto no beneficia, y es ya un argumento concluyente.

SR ROJAS   ¿Entonces Vd. quiere decir que en vez de esto es mejor emplear el método de venta 'a baja presión'?

SR MARTÍNEZ   No, no digo eso pero es sin embargo un método muy corriente que usan los representantes experimentados y que inspira confianza al cliente.

SR ROJAS   ¿Quiere ponerme un ejemplo?

SR MARTÍNEZ   Sí. Tome el ejemplo de un representante que lleva nuevos modelos de bolsos de señora. El cliente está muy entusiasmado y desearía comprarlos todos. El representante haría ver los que se venden bien, y también los que se venden menos bien, y al clasificar sus propias mercancías por categorías y por popularidad da prueba de su buena fe e inspira confianza al cliente.

SR ROJAS   En efecto es lo contrario del método 'a alta presión', ¿no?

SR MARTÍNEZ   Sí, porque uno critica ciertos aspectos de sus propios productos, aspectos, claro que no tienen más que una importancia relativa. Pero tenga muy en cuenta que aunque parezca flaqueza por parte del representante es una técnica para expertos y no empiece a usarla en seguida.

SR ROJAS   No, no se preocupe, señor.

SR MARTÍNEZ   Pero volviendo a las objeciones, lo que Vd. debe hacer es comprender al comprador, sus prejuicios, motivos y dudas, tratarle con respecto, dejarle contestar a sus propias objeciones y convertir su objeción en una razón para comprar. Así es que Vd. debe inspirar confianza a su cliente y aunque no venda sus productos debe dejar abierta la puerta para otra tentativa futura. Bueno, ¿qué hora tiene? Ya son las doce, ¿no?

SR ROJAS   Sí, las doce.

SR MARTÍNEZ   Tengo otra entrevista y Vd. tendrá que volver a su departamento. Venga a verme el martes que viene a eso de las diez. Adiós.

Vocabulario
por amor al arte   *for its own sake, for the love of it*
dar el sí rotundo   *to give the go-ahead*
la venta 'a alta presión'   *hard sell*
la venta 'a baja presión'   *soft sell*

Cuestionario

Lea y escuche otra vez la introducción y el diálogo y conteste a estas preguntas. Trate de expresarse sin referencia al texto.

1   ¿Por qué no debe Vd. tratar de convencer al comprador de que está equivocado en sus críticas?
correr riesgo

2   Enumere los tipos de objeciones que se suelen encontrar.
cuestiones de administración

3   ¿Por qué no se deben menospreciar los prejuicios del comprador?
información

4   ¿Cómo es que una objeción puede ser una buena razón por comprar?
indecisión

5   ¿Cuál sería su reacción si el comprador criticara a su firma?
responsabilizarse – proteger compañía

Evaluación de dos técnicas distintas

1.Venta 'a alta presión'

Sírvase de los ejemplos siguientes para evaluarlos:
a. representante menciona precio muy elevado
    garantiza no suministrar mismo artículo a otros almacenes
    comprador pica el anzuelo
    cree tener la exclusiva
    a continuación se da cuenta de que promesa no tiene fuerza jurídica
    y los mismos artículos se venden en otras partes
b. representante pretende que artículo que vende está agotado
    así comprador puede jactarse de tener la exclusiva
    'olvida' mencionar que firma tiene intención continuar fabricándolo
    más tarde comprador ve que artículo 'exclusivo' se vende por
    doquier

c. cliente acepta producto a condición de que firma le ayude con publicidad
representante se compromete solamente para concluir la venta
lo único que consigue hacer es perder tiempo al comprador y
perder estima adquirida antes

2. Venta 'a baja presión'

representante empieza a negociar con un nuevo cliente
se le propone una novedad que le gusta
le aconseja que haga un pedido limitado inicialmente en caso de que
no se venda demasiado bien
así comprador evitará tener cantidades excesivas y sabe que puede
repetir el pedido más tarde
comprador no tiene impresión de que ha estado forzado

Ponga otros ejemplos de ventas a alta y a baja presión y discuta los
pros y los contras.

Caso

REPRESENTANTE   Buenos días señor, represento a la firma inglesa de mobiliario
Varley and Clarkeson. Como le decía el otro día cuando le telefoneé
nuestra política de ventas tanto en Inglaterra como en el continente está
basada en proveer a un solo almacén en todas las grandes ciudades.

COMPRADOR   Ya me acuerdo sí.

REPRESENTANTE   Debido a nuestra reputación internacional, a la calidad y estilo
de nuestros productos, no nos es posible cumplir con las demandas que
aumentan sin cesar. Aun en Inglaterra nuestros clientes deben esperar
un plazo de entrega de cuatro meses como mínimo.

COMPRADOR   Supongo que no hay nada serio para que nos veamos obligados a
aceptar un plazo de entrega tan largo.

REPRESENTANTE   Señor Rivera, soy el primero en admitir que es muy desconcertante. La situación actual de nuestra firma nunca puede ajustarse al
paso del éxito creciente de nuestros productos y debido a esto nos
ponemos en contacto con una sola empresa en cada ciudad. Por eso
buscamos siempre el almacén más grande de la ciudad.

COMPRADOR   No cabe duda de que su compañía tiene una buena reputación pero
francamente me sorprende que su firma no haya tenido antes relaciones
con una firma aquí en Bilbao.

REPRESENTANTE   Por eso he venido a verles primero porque su casa es una de las
más célebres.

COMPRADOR   Señor, con un plazo de entrega de cuatro meses, no podría negociar con su firma. Vds. pueden salirse con la suya allí en Inglaterra pero
aquí en Bilbao es imposible ¿sabe?

REPRESENTANTE   Le aseguro, señor, que en las demás ciudades de España
nuestros clientes están del todo satisfechos con nuestros productos.

Pero se quejan de que les faltan suficientes existencias en sus almacenes y esta situación desventajosa es, sin duda alguna, a la vez muy confortadora. ¿No le parece?

COMPRADOR   Pero ¡cuatro meses! Hombre, no olvide Vd. que no está en Madrid o Sevilla, aquí la gente es mucho más impaciente. Si desean comprar algo no quieren esperar indefinidamente.

REPRESENTANTE   Oiga señor, en Madrid, Sevilla y Barcelona hemos establecido relaciones y hasta ahora todo parece ir bien. Ha habido críticas como indiqué antes, particularmente la falta de suficientes existencias pero si Vd. prefiriese considerar el asunto estaré aquí en Bilbao durante dos o tres días más.

COMPRADOR   Bueno, me gustaría hacerle un pedido provisional pero cuatro meses, no señor.

REPRESENTANTE   Como es su primer pedido, haré todo lo que pueda para que Vd. obtenga un plazo de entrega de tres meses. Y espero que comprenda que aunque hago todo lo posible para conseguir este plazo no puedo prometérselo.

Y¿qué le parece ahora si hago una lista de los artículos de su pedido?

Vocabulario
salirse con la suya   *to have, get, one's own way*

Análisis del caso

Basándose tanto en el contenido del caso como en el de los dos últimos diálogos conteste a estas preguntas.

1   ¿Cuáles son las desventajas de admitir que existen faltas en la organización de su firma?
2   ¿Cómo actuó el representante en este respecto?
3   ¿Hasta qué punto se debe atribuir el éxito del representante a su técnica de venta?
4   ¿Cuántas son las dificultades con las que tropieza el representante?
5   A su ver, ¿las superó o no?

Ejercicio de evaluación

Discuta el problema de las objeciones como táctica y explique su función durante una entrevista. Enumere las ventajas y desventajas tanto para el comprador como para el representante.

Reconstrucción del caso

1   Tome el papel del representante. Hable por él variando y mejorando su presentación.
2   Practíquese por parejas usando la base del caso pero escoja un producto determinado para la presentación.

Glosario de términos relacionados

La demanda:

cubrir la demanda	*to meet the demand*
la demanda disminuye	*demand is falling*
*el boom de la demanda	*boom in demand*
la entrada de pedidos	*inflow of orders*
el ritmo de la expansión	*rate of expansion*
el movimiento alcista	*upward trend*
el movimiento bajista	*downward trend*

*El auge is the true term for boom but, as so often happens in many languages, economic and technical jargon is borrowed or adapted from English creating a form of 'espinglés'.

Vender:

vender con beneficio	*to sell at a profit*
vender con pérdida	*to sell at a loss*
invendible	*unsaleable*
tener buena acogida	*to sell well*
es una ganga	*it's a bargain*
regatear	*to bargain, haggle*
dar salida	*to market*

Práctica

Conteste a los comentarios siguientes de un comprador de bienes de consumo usando, si quiere, los términos en esta página.

Puede que sí, pero tres meses es demasiado. . . .

Me gustaría pero es imposible. . . .

Y además hay que acordarse del despacho aduanero y esto tarda mucho. . . .

Unidad 9

Las señales indicadoras de compra

Introducción

Ya hemos mencionado que el comprador intenta no demostrar entusiasmo o interés por los productos porque teme que el representante le explote con precios más altos. En otras palabras, el comprador procura esconder sus verdaderos sentimientos con el fin de obtener las mejores condiciones que pueda. Sin embargo, éste no es motivo para que el representante se desanime, porque el papel del comprador no es otro sino el de comprar. Así es que durante la entrevista con el comprador corresponde al representante la tarea de descubrir las señales preliminares de sus intenciones reales, o sea que haga todo lo posible para reconocer una señal indicadora de compra.

Efectivamente tal señal es la que indica que el cliente, quizás en detrimento de su buen sentido comercial, comienza a interesarse de un modo serio.

Vocabulario
la señal indicadora de compra   *buying signal*

Diálogo

SR MARTÍNEZ   ¡Adelante! Hola, buenos días. Siéntese ahí.

SR ROJAS   Buenos días señor.

SR MARTÍNEZ   Oiga, ya lleva varios meses con nosotros y según los informes que he recibido de los departamentos donde ha trabajado parece que podemos enseñarle algo. Vd. tiene ciertas ventajas sabiendo dos idiomas, pero no olvide que muchos recién licenciados llegan a una compañía creyendo que lo saben todo. Es una ventaja, sin duda, pero hoy en día es esencial tener dos novias, ¿no? No quiero predicarle pero ya sé que Vd. se da cuenta de la importancia de su entrenamiento con nosotros.

SR ROJAS   Sí, ya le entiendo y francamente estoy de acuerdo.

SR MARTÍNEZ   Bueno, hemos aclarado el asunto y ahora podemos continuar con la próxima etapa.

SR ROJAS   Antes de continuar quiero preguntarle otra cosa sobre las objeciones. De vez en cuando se dice que es mejor abordarlas antes de que el comprador las ponga pero, ¿no es posible que sea peligroso?

SR MARTÍNEZ   Sí, puede ser desastroso y yo diría que la única ocasión en que es útil hacerlo es cuando Vd. está seguro de que el comprador va a ponerle una. Es más bien cuestión de intuirlas.

SR ROJAS   Gracias, es lo que me imaginaba, pero hay otra cosa que me preocupa algo, y es que aunque comprendo por qué el comprador quiere mantenerse en una posición de superioridad, ¿cómo puedo estar seguro de que está interesado en mi producto?

SR MARTÍNEZ   Pues, fíjese. Hay que aceptar que todo comprador será un hueso duro de roer, que no quiere comprometerse, y corresponde al representante esforzarse en detectar las señales que le dará aun a pesar suyo, notar algo especial en su voz, en los ojos, que traiciona un repentino interés. Y ese algo es a menudo algo intangible o indefinible.

SR ROJAS   Entonces es cuestión de prever la señal.

SR MARTÍNEZ   Sí, eso es. El comprador usará frases aparentemente desinteresadas pero que dejan entrever su interés. Por eso Vd. debe observarle cuidadosamente.

SR ROJAS   Creo que sería mejor que me pusiera algunos ejemplos.

SR MARTÍNEZ   Naturalmente. Por ejemplo, una objeción puede significar que el comprador se interesa. Supongamos que ataca a sus precios, diciendo 'me parece que sus precios son demasiado altos. Normalmente pago hasta el 5 por ciento menos'. ¿Se da Vd. cuenta?

SR ROJAS   Sí, tal observación demuestra que el comprador está interesado en principio por el producto, ¿no?

SR MARTÍNEZ   Sí, claro, pero un representante de poca experiencia, es muy posible que no comprenda bien ciertas señales y que considere la crítica como un rechazo cuando en realidad es al revés.

SR ROJAS   Además de críticas de precio, ¿puede ponerme otros ejemplos?

SR MARTÍNEZ   Desde luego. Si el cliente empieza de golpe a manifestar interés en ciertos aspectos de poca importancia se podría interpretar como otra señal. Podría significar que el comprador ya se ha decidido en principio a aceptar la oferta y que sólo hace falta concretar los últimos detalles.

SR ROJAS   Creo que entiendo.

SR MARTÍNEZ   Pues, si el comprador ya no se ocupa de los problemas esenciales del precio y de la capacidad sino que aborda tales cuestiones como el color y el plazo de entrega etc. puede que el representante cuente con un éxito y así debería desplegar la situación.

SR ROJAS   Y, suponiendo que el representante reconoce las señales, ¿cómo debería reaccionar?

SR MARTÍNEZ   Debería tratar de provocar la compra en seguida.

SR ROJAS   Pero, ¿no se precipitaría un poco? Creo que podría ofender al comprador con tanta prisa.

SR MARTÍNEZ   Depende mucho de la manera de hablar. No olvide que la estancia del representante es limitada y que está allí para vender y no para charlar.

SR ROJAS   Sí, pero, ¿por qué quiere Vd. provocar la compra en este punto? El comprador acaba de hacer una objeción a su producto.

SR MARTÍNEZ   De acuerdo, pero no ha excluido la posibilidad de comprar y ha hecho entender por una señal indicadora de compra que si el representante reduce sus precios, por ejemplo, solamente en un 5 por ciento, quizás obtendrá el pedido. En tal caso está claro que debe tratar de incitar la compra.

SR ROJAS   Me dice en efecto que desde el punto de vista sicológico, ahora que el hielo se ha roto, una impresión del todo negativa se convierte en una positiva.

SR MARTÍNEZ   No exactamente, digamos que no es enteramente negativa. Y la situación es semejante si, en cuanto al plazo de entrega le dice 'el plazo de seis semanas me parece demasiado. Podría aceptar tres como máximo'. Una vez más el comprador está informándose de que si Vd. satisface sus necesidades, es posible que le haga un pedido. En estas circunstancias Vd. debe empezar a anotar el pedido.

SR ROJAS   En resumen, es un método indirecto para conseguir una venta, ¿no?

SR MARTÍNEZ   Sí, exactamente, y dicho de otro modo el representante debe, en adelante, actuar como si se tratara de una venta ya concluida, continuando la negociación de una manera muy confiada. Es la técnica presumida de la conclusión.

SR ROJAS   De manera que cuando el comprador empieza a discutir pormenores como colorido, estilo o accesorios ¿es una señal muy favorable?

SR MARTÍNEZ   Sí, y en este caso vaya Vd. directamente a su objetivo con una frase tal como '¿Me permite que tome nota de las contidades y detalles a fin de que pueda contestar mejor a sus preguntas?'

SR ROJAS   Vd. ha aclarado mis ideas pero ¿no es posible que el representante use esta técnica demasiado pronto?

SR MARTÍNEZ   Incluso en tal caso es posible que la situación quede segura porque si el representante necesita más tiempo todavía para considerar el asunto dará a entender que no le gusta que le fuercen. Ningún método es infalible pero si la tentativa es algo prematura, la próxima señal será aun más positiva.

SR ROJAS   Bueno, no le puedo quitar más tiempo y de todas formas me esperan en la oficina. Adiós, señor.

Vocabulario
tener dos novias   *to have several strings to one's bow*
un hueso duro de roer   *a hard nut to crack*
la técnica presumida de conclusión   *the assumptive closing technique*

Cuestionario

Base sus explicaciones en el diálogo de esta unidad.

1   ¿Por qué el comprador intenta esconder su interés por el producto?
2   ¿Cuándo debe Vd. contestar a una objeción antes de que el comprador la exprese?

3   ¿Qué es una señal indicadora de compra?
4   ¿Por qué es preciso tratar de concluir la venta cuando uno cree entrever una señal indicadora de compra?
5   Explique Vd. la técnica presumida de conclusión.

Situaciones

1   ¿Cómo contestaría Vd. a las siguientes observaciones del comprador?
   a. 'Es muy caro. Normalmente pago hasta un 5 por ciento menos.'
   b. 'El plazo de entrega que me ofrece Vd. es de seis semanas. Eso puede valer en Inglaterra, pero en España no.'
   c. 'Está muy bien pero no me gusta este color. Prefiero el azul.'
2   Discuta la manera correcta de actuar y conteste apropiadamente a estas señales como si fuera Vd. el representante.
   a. 'Es demasiado caro.' (Concretamente esto significa una negativa categórica.)
   b. '¿Me permite probarlo?' (No mencione el precio todavía.)
   c. 'Sí me gusta, pero. . . .' (El cliente se resigna a pagar más de lo que hubiera querido – así evite una pregunta directa.)
   d. '¿Cuándo me lo podría entregar?' (Una señal que puede ser de las más favorables.)

Caso 1

El comprador de un almacén y un representante están discutiendo una nueva gama de alfombras.

COMPRADOR   Sí, me gustan mucho éstas más baratas de nylon pero las de lana . . ., no me parece que tuvieran muy buena acogida. Es que tienen todas el mismo dibujo y ¿no les puede meter otros colores?

REPRESENTANTE   Desgraciadamente sólo se venden con ese mismo dibujo. Pero tiene que admitir que pega en cualquier decoración, ¿no? Mire esta revista. En esta foto aquí sale muy bien la alfombra y el azul es magnífico, ¿eh?

COMPRADOR   Bueno, señor Ritchie, si quiere dejarme los folletos podré ponerme en contacto con su compañía. Adiós y muchas gracias por haberme enseñado su nueva gama.

Análisis del caso

El representante se equivocó con la señal indicadora de compra. Indique lo que debería haber hecho.

Ejercicio de reconstrucción

1   Conteste correctamente por el representante.
2   Si el único comentario que hace el cliente consiste en dejar entender que le gustaría el artículo, pero con algunas modificaciones o cambios, el representante debe asegurarle que es posible.
Elija un producto y, por parejas, practíquese esta técnica.

Caso 2

COMPRADOR   Sí, son muy compactas, como Vd. dice y la llave queda muy bien protegida.

REPRESENTANTE   Quizás sea una de las razones de su gran éxito en Inglaterra. Son muy prácticas en los 'campings', viajes largos, y en otras tantas situaciones. Sabe Vd. que allí la policía puso una multa a un señor que se afeitaba mientras conducía su coche.

COMPRADOR   ¡Vaya! ¡Qué barbaridad! Pero, dígame, supongo que el precio incluye el costo de las pilas también.

REPRESENTANTE   Normalmente no, pero siendo su primer pedido podemos hacérselo como prueba de nuestra buena disposición.
¿Cuántas máquinas cree Vd. . . ?

Análisis del caso

1   ¿Por qué cree Vd. que es importante no dejar que el cliente sepa que acaba de decidirse por el producto?
2   Es posible que el comprador necesite más tiempo para considerar. En su lugar, ¿cómo reaccionaría Vd. a esta respuesta? – 'Un momento, normalmente es inclusivo.'

Reconstrucción del caso

1   Si el representante no llega a concluir el negocio en su primer intento, hay que probar otra vez.
Utilice estas frases para extender el caso que acaba de oír:
a. 'Quizás le gustaría que se lo entregáramos dentro de dos meses.'
b. 'Pero no olvide que el precio es al por menor.'
2   Una serie de frases semejantes que se refuerzan llevará poco a poco al cliente al punto en que no podrá ya fácilmente volverse atrás.
Utilice semejantes expresiones para rehacer el caso.

Glosario de términos relacionados

Comprar:

el poder adquisitivo	*purchasing power*
las deducciones del precio	*purchase allowances*
las devoluciones de mercancías al proveedor	*purchase returns*
los gastos generales, los gastos indirectos	*overheads*
comprar sobre muestra	*to buy according to sample*
pedir mercancías a través de un agente	*to purchase through an agent*

Las mercancías:

la descripción de los géneros	*description of the goods*
los artículos frágiles	*fragile goods*
las mercancías de gran bulto	*bulky goods*
clasificar, seleccionar	*to grade, sort*
clasificar por colores	*to sort by colours*
corresponder a la muestra	*to match the sample*
la calidad de las mercancías es muy inferior a la de la muestra	*the goods are below the standard of the sample*

Práctica

Sírvase del glosario para describir en términos generales su gama de alfombras y el sistema de distribución de su compañía.

Unidad 10

La conclusión de la venta

Introducción

Nos acercamos ahora a las últimas etapas de la venta, que son todavía de gran importancia. Si el representante no acierta a salvar esta última barrera, echará por tierra todos sus progresos. El cliente que ha aceptado el principio de comprar se arriesgará a comprar más y conviene beneficiarse de las relaciones personales que se acaban de establecer con él para sacar provecho de la entrevista. Sin embargo hay que recordar que, aun cuando el comprador ha hecho un pedido, el representante podrá perderlo todo si demuestra abiertamente su alegría o desilusión. Si la presentación ha dado sus frutos y ha obtenido un negocio interesante es esencial que no haga nunca alarde de sus sentimientos abiertamente.

Vocabulario
Hacer alarde de   *to boast, brag*

Diálogo

SR MARTÍNEZ   ¡Vd. por aquí!

SR ROJAS   Con tanto calor estos días no se puede aguantar en el comedor.

SR MARTÍNEZ   Es verdad.

SR ROJAS   Bueno, ¿qué va a tomar?

SR MARTÍNEZ   ¿Yo? Pues, una cerveza y unos sandwiches de jamón. Y ¿qué tal? ¿Todavía estudiando?

SR ROJAS   Sí, las cosas como son. Pero me van a mandar a Barcelona dentro de una semana para discutir allí con uno de los agentes los últimos progresos del nuevo proceso. ¿Vamos a empezar una nueva campaña?

SR MARTÍNEZ   Sí, eso es; pero oiga, si Vd. va a estar en España pronto sería mejor no perder más tiempo.

SR ROJAS   Me alegra saberlo porque quiero preguntarle algo sobre la conclusión de la venta con éxito.

SR MARTÍNEZ   Hace bien en hacerme esta pregunta, porque este escalón es el más importante de todos. El uso de su talonario de pedidos, cuando Vd.

juzgue que el buen momento ha llegado, puede ayudar al comprador a expresar sus necesidades en una forma más concreta.

SR ROJAS   Pero, como decíamos el otro día, es posible engañarse en cuanto a una señal indicadora de compra, ¿verdad?

SR MARTÍNEZ   En este caso Vd. evitará la pérdida de más tiempo, porque una vez que el comprador vea aparecer su talonario de pedidos no esperará más para decirle que no está interesado.

SR ROJAS   Me parece que se puede ofender al comprador con esta táctica, aun en el caso de que se halle interesado en el producto.

SR MARTÍNEZ   Por supuesto, pero solamente si Vd. carece de tacto. No tenga miedo de anotar el pedido. De otra forma el comprador estará malgastando su tiempo y Vd. el suyo.

SR ROJAS   A mí no me daría miedo. Al contrario, me regocijaría anotar el pedido.

SR MARTÍNEZ   ¡Cuidado! Es aquí dónde su falta de experiencia puede perderle.

SR ROJAS   ¿Cómo?

SR MARTÍNEZ   Hemos dicho muchas veces que el comprador no debe manifestar sus emociones durante la entrevista con el representante. Es lo mismo para el representante también. Póngase Vd. en el pellejo del comprador. Vd. acaba de hacer un pedido y se da cuenta de que al representante le cuesta trabajo ocultar su alegría. Creería Vd. que habría metido la pata y comenzaría a inquietarse.

SR ROJAS   Sí, lo veo ahora. El representante no debe dejarse llevar por sus emociones – como uno que juega al poker.

SR MARTÍNEZ   Sí, eso es. Hay que permanecer sereno, porque si Vd. exagera su alegría el comprador puede aprovechar la ocasión para exigir mejores condiciones. Pero hay algo más. Si Vd. se alegra demasiado al anotar el pedido, el comprador puede sospechar algo y preguntarse si su decisión ha sido correcta.

SR ROJAS   Y puede acarrear consecuencias funestas.

SR MARTÍNEZ   Claro que sí. Él puede, por ejemplo, temer que el producto sea anticuado o pasado de moda, que no se venda bien, o que Vd. trabaja para una casa poco importante no acostumbrada a negocios grandes.

SR ROJAS   Sí, y podrá tratar de explotar la situación.

SR MARTÍNEZ   Eso es. En estas circunstancias encontrará una razón u otra para reducir su pedido o quizás anularlo. Por encima de todo Vd. no se debe entusiasmar de manera que empiece a conceder mejores condiciones con el fin de impresionar al comprador, porque él sabrá aprovechar ese entusiasmo.

SR ROJAS   ¿Este comportamiento post-ventas es muy importante entonces?

SR MARTÍNEZ   Ya lo creo. Sucede muchas veces que un representante negligente hace concesiones no autorizadas por su firma, y el comprador, por supuesto, acepta generalmente estas concesiones imprevistas sin decir nada. Resulta que el éxito de la venta fracasa por completo.

SR ROJAS   ¿Puede darme un ejemplo de tal concesión desmesurada?

SR MARTÍNEZ   Cuando un representante ofrece un plazo de entrega muy ventajoso, un favor que el comprador mismo no ha pedido pero favor que va a exigir ahora. ¿Lo ve Vd.?

SR ROJAS   Sí, lo entiendo perfectamente.

SR MARTÍNEZ   Pero, hay otra cosa, y tendrá que ser la última por esta mañana. Después de tal fracaso el representante no debe de ninguna manera manifestarse desengañado u hostil. Debe comprender que a pesar de lo que ha pasado, el comprador va a estimar el buen comportamiento del representante. Pero estoy seguro de que a Vd. no le hacen falta tales consejos, ¿verdad?

SR ROJAS   Espero que no. Pero ya veremos.

SR MARTÍNEZ   Y ahora antes de volver, es mi ronda, ¿no? ¿Qué va a tomar, lo mismo?

Vocabulario
el talonario de pedidos   *order book*
ponerse en el pellejo de alguien   *to put oneself in someone else's shoes*
meter la pata   *to put one's foot in it*
acarrear   *to lead to*
desmesurado   *excessive*

Cuestionario

Conteste y no tema expresar sus propias opiniones.
1   ¿Qué puede Vd. hacer para precipitar la conclusión de la venta?
2   ¿Por qué no debe Vd. alegrarse demasiado después de haber anotado un pedido?
3   ¿Qué ventajas hay en un cierre rápido de la venta?
4   ¿En qué circunstancias podría el comprador reducir su pedido?

Evaluación de la conclusión de la venta

Discuta los puntos siguientes. ¿Cómo debe comportarse para remediar la situación?
1   Vd. le da a entender al comprador que ha encargado un pedido demasiado grande.
2   El comprador ve este tipo de producto por primera vez y le impresiona, dejándose llevar por el momento. En seguida cambia su valoración del artículo.
3   Su interés le engaña pero se da cuenta de que este producto todavía no ha sido lanzado en el mercado.
4   El hecho de que Vd. ignore el mercado causa una reacción desfavorable.
5   El comprador que estaba cierto en la valoración de la potencia del producto siente la necesidad de reducir el riesgo de ser el pionero en el lanzamiento del producto y así reduce la cantidad del pedido.

Caso 1

El representante debe de evitar la oferta de aquellas concesiones que están fuera de su derecho.

A menudo sucede que el representante después de haber terminado una venta con éxito, experimenta un sentimiento de satisfacción que encuentra su expresión en un comportamiento ilógico.

REPRESENTANTE   Gracias señor por este pedido; aunque normalmente el plazo de entrega es de ocho semanas, me esforzaré todo lo posible para conseguir por lo menos una parte del pedido en el plazo de unas cuatro semanas.

COMPRADOR   Señor Bryant, puesto que Vd. puede obtener parte del pedido en cuatro semanas, y puesto que yo también necesito estas mercancías con toda urgencia, podría hacer lo mismo con toda el pedido, ¿no? Le quedaríamos sumamente agradecidos por habernos prestado esta ayuda y ya sé que está en su mano hacerlo si quiere.

REPRESENTANTE   Pues haré todo lo posible por Vd. Adiós, señor Iraizo.

Análisis del caso

1   La señal indicadora de venta informa al representante que el cliente se interesa por el producto. Sin embargo muchos representantes cierran la venta precipitadamente y después descubren que el pedido ha sido anulado o drásticamente reducido.

El comportamiento ilógico causa semejantes problemas como en este caso.

Enumere todos los puntos que debe tener en cuenta para comportarse eficazmente durante la entrevista con el comprador.

2   ¿Cómo habría Vd. reaccionado en el lugar del representante?

Reconstrucción del caso

Para evitar el comentario del comprador hable por el representante y cambie la introducción de este caso.

Caso 2

REPRESENTANTE   Muchas gracias por hacer este pedido. Puede asegurarle que haré todo lo que pueda para que mi compañía trate esto con la máxima urgencia.

COMPRADOR   Bueno, ya veremos.

REPRESENTANTE   No dude por un momento que a este pedido le prestarán toda la atención posible.

COMPRADOR   Entonces, señor, pensándolo bien, creo que sería mejor comprobar la calidad de sus productos antes de arriesgar tan gran cantidad; por eso estoy seguro de que no le importaría si, en primer lugar, nos entrega un cuarto de la cantidad que he citado anteriormente y si nuestros clientes reaccionan favorablemente ante sus productos, estaremos encantados, sin lugar a dudas, de autorizarle a repetir el pedido.

Análisis del caso

Base sus respuestas tanto en el contenido del caso como en el del diálogo, expresando a la vez sus propias opiniones.

1   ¿Qué contribuyó al cambio del comprador en la valoración del producto?

2   Si la efusión del representante suscitó en el comprador la inquietante impresión de que estaba haciendo de conejo de Indias en el mercado español, ¿por qué hizo el pedido?

3   Si el comprador se da cuenta de que el representante es nuevo e inexperto, ¿no sería más probable que él intentara sacarle concesiones en vez de una reducción en la cantidad del pedido?

4   ¿Le parece que en este caso la situación es diferente?

Reconstrucción del caso

Por parejas, el representante evitando su satisfacción y el comprador contestando apropiadamente, reconstruya el caso.

Caso 3

COMPRADOR Claro que le agradecería si Vd. pudiera reducir el plazo oficial de entrega de ocho a cuatro semanas.

REPRESENTANTE Como Vd. Sabe señor Romero, nuestra firma goza de una fama excelente. Estamos orgullosos de que nuestros productos sean siempre de primera calidad; y para que esto se mantenga, es natural que los directores insistan en una inspección completa de las mercancías.

COMPRADOR Claro.

REPRESENTANTE Y si Vd. nos compra podemos garantizarle con toda la seguridad el buen funcionamiento de los aparatos, y por ello va en su propio interés no reducir el plazo de entrega que nos es muy necesario para una inspección práctica de los productos. Me esforzaré por asegurarle que la entrega no pasará de las ocho semanas.

COMPRADOR Bueno, si sus productos son tal como Vd. dice y no dejan nada que desear en cuanto a la calidad que garantizan Vds. vale la pena esperar un poco más.

Análisis del caso

1 ¿Cómo cree Vd. que el representante habría podido contestar con el mismo resultado?
2 La actitud del representante parece algo santurrona, ¿cómo pudiera haberla modificado?
3 El comportamiento del representante determina totalmente su recepción. Considere los puntos siguientes y discuta los pros y los contras.

a. apariencia
b. franqueza
c. brusquedad
d. excesiva cortesía
e. exageración

f. humor
g. opiniones políticas
h. confianza en sí mismo
i. presunción
j. manera de expresarse

Ejercicio de simulación

1 Escojan Vds. un producto determinado (un artículo de consumo).
2 En grupos de dos o tres preparen una presentación del producto.
3 Escojan el mercado en el cual el producto ha de venderse (una región española).
4 Nombren a un representante.
5 Preparen las tácticas de venta que va a usar.
6 Si es necesario determine un descuento y un plazo de entrega realista.
7 Nombren a un comprador (el profesor u otro miembro del grupo).
  Supongan que el representante llega sin haber concertado una cita de antemano y que ha pasado por las líneas de defensa.

Puntos que han de ilustrarse durante la entrevista:

Comprador	*Representante*
Objeciones	Concluir la venta
Señales indicadoras de compra	Comportamiento post-ventas

Pueden servirse de un magnetófono para grabar la entrevista y analizarla después.

(Hagan lo mismo si quieren en los demás ejercicios.)

Encuesta

1   Discuta (todo el grupo) la presentación.
2   Si el representante no ha seguido el plan o ha cambiado de tácticas discuta las razones.

Glosario de términos relacionados

El mercado:

abrir un mercado	*to open up the market*
lanzar al mercado	*to put on the market*
estimular, animar el mercado	*to stimulate the market*
inundar el mercado	*to flood, swamp the market*
un mercado activo, animado	*a brisk, active market*
el mercado de ultramar	*the overseas market*
el mercado de mano de obra	*the labour market*
un mercado desanimado	*a slack market*
la flojedad del mercado	*weakening of the market*
interesarse por ofertas de. . . .	*to be in the market for. . . .*
el estudio de mercados	*market study*
el análisis de mercados	*market analysis*
el pronóstico del mercado	*market forecast*
*el mercado negro	*black market*

*also called el 'estraperlo' after the names of a controlling syndicate *Stra*uss, *Pé*rez and *Ló*pez (the 'e' always being pronounced, whether written or not, before the letter 's' followed by another consonant)

Práctica

Su compañía piensa entrar en un mercado latinoamericano y después de analizar la situación económica el director de ventas extranjeras le nombra a Vd. a prepararle una lista detallada de los problemas anticipados. Elija cualquier producto industrial y empleando las expresiones en esta página escríbale la memoria requerida.

Unidad 11

El comportamiento post-ventas

Introducción

La anotación del pedido no es el final de la venta. El representante debe siempre aprovechar el tiempo al máximo, y los momentos que siguen a la venta puede usarlos para mejorar su posición frente al comprador, quien entonces se hallará más dispuesto a hacer otro pedido o a solicitar consejos. El hombre que ha aceptado el principio de comprar está sicológicamente dispuesto a otras compras más y se arriesgará a hacerlas. Así que al representante le conviene beneficiarse de las relaciones para tratar de obtenerlas.

Es absolutamente necesario, cuando se presenta una situación favorable, explotarla en seguida.

Diálogo

SR ROJAS   Ayer me decía lo de cómo comportarse después de una venta y supongo que por fin llegamos al remate de una venta bien ejecutada, ¿no?

SR MARTÍNEZ   Todavía, no. Hay varias cosas que Vd. puede mencionar. Tome la publicidad, por ejemplo. A veces las ventas se consiguen más fácilmente si están apoyadas en una campaña publicitaria efectuada en tal escala que el cliente se sienta obligado a hacer un pedido a pesar de sus preferencias personales.

SR ROJAS   ¡Ah, sí! comprendo lo que Vd. quiere decir. Pero, aparte de eso la venta está concluida, ¿verdad?

SR MARTÍNEZ   No, no, no. Vd. ha anotado el pedido pero esto no significa que la venta está finalizada. Si Vd. se marcha nada más anotado el pedido, el comprador puede ofenderse.

SR ROJAS   Pero, ¿por qué? Vd. me dijo que no debía dar concesiones y si me quedo los riesgos son mayores, ¿verdad?

SR MARTÍNEZ   Si Vd. se queda sin tener una meta determinada, de acuerdo. Pero, ¡imagínese que pueda venderle algo más!

SR ROJAS   ¡Hombre! Claro, ahora lo veo. ¿Vd. quiere decir algún otro producto de mi muestrario?

SR MARTÍNEZ   Exactamente. Una vez que el comprador le ha hecho un pedido, está más dispuesto a comprar, porque sus defensas están ya rotas.

SR ROJAS   Pero, ¿por qué dice Vd. que el comprador puede ofenderse?

SR MARTÍNEZ   No hay que olvidar que el comprador al aceptar ha sido impresionado favorablemente por el representante y por sus productos. Además, hay que tener en cuenta también que el deber de aquél es hacer pedidos y a la vez estar al corriente de lo que hay disponible en el mercado. Le quedará agradecido por haberle informado de una gama más amplia de tales productos.

SR ROJAS   Sí, pero, ¿ofendido?

SR MARTÍNEZ   Espere. Se puede afirmar, con toda seguridad, que un comprador experimentado puede desanimarse ante un representante satisfecho con un solo pedido y sin iniciativa para lograr otros. Puede que lo atribuya a la pereza, si no a la incompetencia.

SR ROJAS   De manera que al concluir una venta no debo estar satisfecho con esto.

SR MARTÍNEZ   Exactamente. Sin embargo, Vd. debe estar preparado para una reacción negativa.

SR ROJAS   ¿Por qué?

SR MARTÍNEZ   El comprador puede pensar que Vd. exagera al buscar un aumento de pedido y para evitar esto es necesario establecer un ambiente armonioso y amigable. Entonces, cuando crea que no le queda nada más por hacer, Vd. se despide y la venta se puede considerar acabada.

SR ROJAS   Este aspecto siempre me ha causado problemas, ¿sabe?

SR MARTÍNEZ   Sí, ya lo sé. Es una etapa llena de problemas y siempre es necesario convencer al representante inexperto, inquietado sin duda alguna después de su primer éxito, e intimidado para renovar sus tentativas, que para él es el momento sicológicamente apropiado para intentar otro pedido.

SR ROJAS   Ha sido muy útil.

SR MARTÍNEZ   ¡Ah! Una cosa. No olvide que mucho depende también del producto y a pesar de todos los errores posibles, puede que el representante tenga un éxito rotundo.

SR ROJAS   ¿Cómo?

SR MARTÍNEZ   Pues, si el comprador se da cuenta inmediatamente de que es un producto excelente en tal caso la tentativa de la venta ha sido un éxito a pesar de la incompetencia y la falta de habilidad del representante.

SR ROJAS   ¡Ya lo creo! Bueno, mañana me marcho a Barcelona. ¡A ver cómo sale la visita!

SR MARTÍNEZ   Pues, cuando vuelva venga a verme. Hasta ahora hemos discutido un solo aspecto del Marketing, la venta personal, y quisiera hablarle de algunos otros, tales como las negociaciones contractuales y las relaciones con agentes en el extranjero. En lo que se refiere a la venta personal, de aquí en adelante su único profesor será su propia experiencia. Adiós y buen viaje.

Vocabulario
el remate   *the conclusion*

Cuestionario

1 Explique las ventajas de señalar la política publicitaria de su compañía.
2 ¿Qué táctica debería Vd. adoptar después de haber anotado un pedido?
3 ¿Por qué debe Vd. procurar un aumento de pedido después de haber efectuado la primera venta?
4 ¿A qué se arriesga Vd. con eso?

Ejercicio de evaluación

1 Discuta las ventajas y los problemas de esforzarse por otros pedidos adicionales.

En pro
    – comprador sicológicamente dispuesto
    – su función – hacer pedidos
    – estar al corriente

En contra
    – representante puede ofender
    – no aprovechar situación
    – no saber momento salir

2 Discuta cómo se debe actuar –
    a. Para establecer o mantener un ambiente amigable.
    b. Para inspirar confianza en el comprador.
    c. Para darle a entender que ha hecho bien en su decisión de comprar.

Caso 1

El representante vende una nueva barra de labios en España, respaldado por una intensiva campaña publicitaria en la radio y prensa locales, principalmente en las revistas populares.

REPRESENTANTE   Esta marca, que se ha vendido con gran éxito en muchos otros países, la estamos introduciendo por vez primera en España. Para conseguir una distribución a gran escala vamos a lanzar una extensa campaña publicitaria en la radio y prensa.

COMPRADOR   Entiendo.

REPRESENTANTE   Esto, naturalmente, quiere decir que, en breve, el público vendrá preguntando por la marca, y yo estoy encargado de seleccionar a los detallistas que quisieran aprovechar el inevitable aumento de la demanda. Ciertamente, la estamos ofreciendo primero a los más renombrados detallistas del país, y es por esta razón por la que me dirijo a Vd.

COMPRADOR   No estaría diciendo la verdad si le afirmase que nos hacen falta barras de labios de calidad pero, ¿puede Vd. mostrarme cualquier publicidad relativa al producto?

REPRESENTANTE   Aquí tiene Vd. las pruebas de imprenta.

COMPRADOR Debo admitir que son muy impresionantes. Haga el favor de acompañarme a la oficina para discutir los detalles.

Vocabulario
las pruebas de imprenta *proofs (printing)*

Análisis del caso

1 Analice las diferencias de sus objetivos en la preparación de su presentación para vender jabón, primero en una zona rural y luego en un centro industrial.

2 Indique las diferencias de una campaña publicitaria para el mismo producto.

3 Teniéndose en cuenta la influencia de la publicidad en el precio de venta al público, ¿cree Vd. que una campaña publicitaria podría ayudar al representante en todas las ocasiones?

Un informe

Esencialmente el informe que el representante tiene que escribir después de cada visita es el eslabón entre él y su división de ventas. Además, da información de sus actividades, del mercado y de sus clientes. Escriba un informe a su jefe de ventas siguiendo esta fórmula:

nombre de la firma
fecha
nombre del cliente
propósito de la visita
resultado
actividades de competencia
situación actual
situación futura
conclusión
recomendaciones
Base su informe en el caso que acaba de oír.

Caso 2

El representante acaba de anotar un pedido de mobiliario de oficina. Se queda un rato con el comprador, y hablan de los negocios en general.

COMPRADOR   Las ventas están muy bajas ahora, pero creo que mejorarán a finales de año. Por desgracia hay tanta gente que vende mobiliario de oficina que tenemos que esforzarnos cada vez más si deseamos avanzar. Lo que necesito es algo nuevo para ampliar mi gama de productos.

REPRESENTANTE   Sí, señor. La vida es dura. Nosotros también nos damos cuenta de que la diversificación es muy necesaria. Por esto estamos lanzando al mercado una gama de mobiliario para las grandes reuniones, los congresos y las recepciones oficiales. La demanda de mobiliario de múltiples aplicaciones está en constante aumento y yo creo que tenemos un sistema muy bueno.

COMPRADOR   Podría interesarme. ¿Lo venden Vds. en España?

REPRESENTANTE   Todavía no. Para decirle la verdad, en este momento estoy investigando el asunto.

COMPRADOR   Si sus precios son interesantes, quizás hagamos negocio.

REPRESENTANTE   Por ahora no tengo nada más que este folleto, que dejo con Vd. Mañana volveré con todos los detalles si le interesa.

COMPRADOR   Veremos. Bien, hasta mañana.

Análisis del caso

1   Indique todas las posibilidades de las cuales el representante puede sacar provecho cuando el comprador pregunta si lo venden en España.
2   ¿Por qué el representante quiso quedarse y hablar de negocios en general?
3   ¿Por qué existen posibilidades de vender algo más después de haberse anotado un pedido?

Ejercicio de simulación

1   Nombren a un miembro del grupo que tome el papel del representante en el caso que acaban de oír.
2   Y otro para el papel del comprador.
3   En dos grupos preparen sus tácticas.
4   A la mañana siguiente el representante tiene los detalles necesarios – folletos, precios etc. – para entrevistarse de nuevo con el comprador. Introduzca los puntos siguientes:
Los derechos exclusivos en España   Un plazo de entrega favorable
La publicidad   Las funciones del mobiliario
Un descuento especial

Encuesta

1   Analice la presentación en términos globales.
2   Discuta las tácticas empleadas por el representante.
3   Discuta las tácticas empleadas por el comprador.

Caso 3

A primera vista la América Latina no le ofrece muchas oportunidades al exportador británico. Sin embargo la política casi general de todos estos países es procurar aumentar su producción nacional que a la vez supone la importación de bienes de capital, o sea bienes industriales para su propio desarrollo económico.

Debido a este proceso de industrialización las importaciones suelen cubrir mercancías esenciales – maquinaria para la industria petroquímica, hospitales, aeropuertos, la construcción de buques y componentes tecnológicos para mejorar sus industrias y sistemas agrícolas. Por tanto la mayoría de los países imponen cuotas y tarifas muy altas, piden depósitos enormes y sobrecargas de un porcentaje tan elevado para reducir importaciones no esenciales que para el exportador de bienes de consumo es un mercado cerrado, o por lo menos dificilísimo de penetrar.

Así es que un problema muy serio que ocurre de vez en cuando es el de poder garantizar los pagos. Por lo tanto es esencial hacer un estudio completo del mercado para determinar el crédito del posible cliente y la naturaleza de las tarifas de importación y por tanto un agente local que comprende las regulaciones puede serle indispensable. Además, para evitar un fracaso financiero la firma exportadora puede asegurarse contra la posible falta de crédito del importador extranjero.

Escuche la conversación entre un exportador británico y un cliente colombiano después de concluir la venta.

EXPORTADOR BRITÁNICO   Señor Gómez, ha sido un placer negociar con Vd.

CLIENTE COLOMBIANO   Igualmente, señor.

EXPORTADOR   Como le dije hay un plazo de entrega de tres meses y normalmente, con un pedido como el suyo, la documentación se cumple rápidamente.

CLIENTE   Estupendo, pero hay una cosa que es algo embarazoso y es que . . . Pues fíjese. Podemos hablar francamente, ¿no?

EXPORTADOR   Claro.

CLIENTE   Entonces, yo necesito sus productos y me es esencial que los reciba para marzo. Mientras Vd. también ha venido aquí de propósito para venderlos. ¿De acuerdo?

EXPORTADOR   Sí.

CLIENTE   Entonces, es lógico, ¿no? que este negocio nos va a beneficiar a los dos, tanto a mí como a Vd.

EXPORTADOR   Desde luego.

CLIENTE   Supongo que en Inglaterra la inflación sigue siendo un desastre para la industria y aquí, ¿sabe cuánto me cuesta cada semana simplemente para cubrir mis gastos generales? No lo creería, señor. Pero en cuatro meses, en junio, todo se solucionará con la venta de mis existencias actuales.

EXPORTADOR   ¿Qué quiere decirme, señor Gómez? Es que Vd. tiene ya un descuento bastante grande.

CLIENTE   ¡Hombre! Nada de eso, el negocio está bien y estoy muy contento. Lo que pasa es que las regulaciones de importación cubren varias clasificaciones de tarifas, como Vd. sabe, y para importar lo que necesito tengo que pagar un depósito de un 40 por ciento, que es mucho, ¿no?

EXPORTADOR Y de momento Vd. no tiene suficiente crédito para cumplirlo, ¿eh?

CLIENTE Exactamente.

EXPORTADOR Pues, pensándolo, realmente no sé lo que puedo hacer. Si me lo hubiera explicado antes habría podido arreglado algo, pero ahora. . . .

Reconstrucción del caso

Todo ha fracasado debido a la falta de preparación del exportador británico. Usando las observaciones siguientes y las expresiones apropiadas hable Vd. por el representante británico y conteste positivamente al último comentario del cliente:
El banco de la casa exportadora británica puede resolver tales problemas por medio de un préstamo hasta que el cliente tenga disponible el dinero necesario.

a. No se preocupe. . . .
   Lo que solemos hacer en tales casos. . . .
   El departamento exterior del banco. . . .
   Está acostumbrado a. . . .
b. Está dispuesto a conceder un préstamo por seis meses. . . .
   No es que dudemos su crédito. . . .
   Con tantos impuestos y restricciones. . . .
   Tenemos que anticipar. . . .

Ejercicio de simulación

1 Escojan Vds. un producto industrial.
2 Preparen una presentación para un mercado latinoamericano
   (Argentina, Colombia, Méjico, Venezuela).
3 Nombren a un representante y a un comprador.
4 Desempeñen los papeles teniendo en cuenta los puntos siguientes:
   tarifas altas
   regulaciones de importación
   el crédito del cliente
   puestos de recambio
   servicio post-ventas

Encuesta

1 Analicen la entrevista.
2 Discutan las técnicas del comprador.
3 Discutan las técnicas del representante.

Glosario de términos relacionados

El derecho arancelario, – aduanero, – de aduana	*duty (on importing goods), tariffs*
el derecho por peso	*duty levied on weight*
el derecho de importación	*import duty*
el derecho de compensación, – compensatorio	*countervailing duty (to offset tax on home-produced articles of the same kind)*
la exención de derechos	*exemption from duty*
derechos pagados	*duty paid*
derechos a cargo del destinario, – consignatorio	*duty for consignee*
el aumento de los derechos	*tariff increase*
gozar de preferencias aduaneras	*to have a preferential tariff*
el derecho protector	*protective tariff*
el derecho de represalia	*retaliatory tariff*
la partida de arancel	*tariff item*
el tipo de derecho	*tariff rate*
la tasa	*duty, tax, tariff*
el cupo, la cuota, el contingente	*quota*
las mercancías contingentadas	*goods subject to quota*

Práctica

En ciertos mercados los documentos de exportación son siempre un fastidio. Lea esta lista y, por parejas, discuta los posibles problemas que encontrará en un mercado latinoamericano.

Unidad 12

Las negociaciones contractuales

Introducción

Además de los diversos problemas que el representante encontrará en una venta directa, existen otras situaciones que requieren técnicas más sofisticadas – es decir las negociaciones contractuales. A menudo éstas conciernen a organismos del Estado, y por esta razón el uso de técnicas de venta suplementarias es imprescindible. En la mayoría de los casos ya no se trata de un acuerdo realizado entre dos individuos sino de una venta en la que la aprobación definitiva será dada por una comisión compuesta por varias personas. Las negociaciones serán siempre bastante prolongadas y por lo tanto es preciso prepararlas cuidadosamente, así como ejecutar una campaña de ventas bien definida.

Diálogo

SR MARTÍNEZ ¿Qué tal en Barcelona? Con el calor que hace en esta época menos mal que está en la costa, ¿eh?

SR ROJAS Sí, tiene razón, aunque no tuve mucho tiempo para divertirme, incluso de noche.

SR MARTÍNEZ Ésa es la vida que llevamos, entrevistas de día e informes de noche. Pero, dígame, en vista de la naturaleza de su visita allí convendría decir algo sobre las negociaciones contractuales, ¿no?

SR ROJAS De acuerdo.

SR MARTÍNEZ Como Vd. muy bien sabe, a veces pueden pasar varios años antes de que se llegue a una conclusión positiva.

SR ROJAS Sí, ya lo sé.

SR MARTÍNEZ Así que para asegurarse de un progreso efectivo durante estas gestiones prolongadas y casi siempre muy difíciles, es indispensable preparar el plan de ataque de una manera estratégica y sistemática.

SR ROJAS ¿Para no acabar en un callejón sin salida?

SR MARTÍNEZ Exactamente. Y el método más eficaz es el de dividir estas prolongadas negociaciones en distintas etapas.

SR ROJAS ¿Por qué?

SR MARTÍNEZ   Sería sumamente estúpido tratar en una fase preliminar de obtener el contrato mismo.

SR ROJAS   Ya.

SR MARTÍNEZ   Y sería más realista definir como objectivo el concertar una entrevista con una persona de mayor influencia cuya ayuda pudiera resultarle provechosa en las futuras etapas de las negociaciones.

SR ROJAS   Enchufes, ¿eh?

SR MARTÍNEZ   Va aprendiendo poco a poco. Pues, en las negociaciones contractuales los ejecutivos de venta se ven frecuentemente enfrentados con una comisión o junta de compradores. En otras palabras, para conseguir el éxito deben saber cómo comportarse en dichas situaciones.

SR ROJAS   Básicamente, ¿cuál es la diferencia principal entre una situación de venta colectiva y una en la que participa un solo comprador?

SR MARTÍNEZ   En primer lugar le lanzarán preguntas desde todas las direcciones y cada miembro de la comisión será experto en su propio campo, o en los aspectos técnicos o en los financieros. Además, en el caso de que el cliente sea un gobierno, habrá algunos representantes políticos también.

SR ROJAS   Suena muy aplastante.

SR MARTÍNEZ   Sí, lo es.

SR ROJAS   Y ¿a quién debo dirigir la palabra primero?

SR MARTÍNEZ   Desde luego la dirigirá primero al presidente de la comisión. No puede hablar con cuatro personas a la vez, ¡hombre!

SR ROJAS   ¿Y si se me hace una pregunta directa?

SR MARTÍNEZ   En este caso Vd. contestará directamente a la persona que le hizo la pregunta. A través del énfasis de la pregunta Vd. podrá identificar su especialidad particular, y así, progresivamente, la de cada miembro de la comisión.

SR ROJAS   ¿Sería posible que algún miembro de la comisión estuviera de mi parte? Porque habrá diferentes opiniones incluso en la comisión misma.

SR MARTÍNEZ   Sí, es posible – personas a quienes Vd. haya influenciado en las entrevistas preliminares.

SR ROJAS   ¿Y así podrían serme útiles con su ayuda?

SR MARTÍNEZ   Directamente no, y no trate de hacer uso de ellos durante la entrevista con la comisión porque eso podría colocarles en una posición delicada.

SR ROJAS   ¿Así que es una negociación casi diplomática?

SR MARTÍNEZ   Eso es. De todos modos ellos le prestarán una ayuda más eficaz en las discusiones privadas después de la entrevista si su imparcialidad no se ve comprometida. Pero no olvide que Vd. tendrá enemigos también.

SR ROJAS   Sí, intereses creados y las intervenciones de otros organismos, ¿no?

SR MARTÍNEZ   Claro que sí, es natural.

SR ROJAS   Pero, ¿cómo debo afrontar su hostilidad?

SR MARTÍNEZ   Sobre todo no se deje desconcertar por sus preguntas. Conteste de la mejor manera posible y sin rencor. Eso es todo lo que puede hacer. Y es de esperar que con una actitud reposada y segura inspirará confianza a la comisión.

SR ROJAS   Sin embargo, en tales situaciones, ¿es posible influenciar a los miembros neutrales de la junta?

SR MARTÍNEZ   Sí, es posible, pero puede ser muy peligroso. Muchos pedidos han sido perdidos así, y hay que hacerlo con mucha cautela.

SR ROJAS   ¿Cómo, por ejemplo?

SR MARTÍNEZ   Vd. da a entender, con cortesía pero sin adulación, que cada miembro de la junta es experto en todos los aspectos del ramo en que Vd. vende.

SR ROJAS   Ya. Con su amor propio, no querrán admitir que no entienden, ¿verdad?

SR MARTÍNEZ   Eso es. Por ejemplo, si se le hace una pregunta y su respuesta contiene una observación general, le será útil usar frases tales como, 'Sin duda la experiencia de Vds. confirmará lo que digo' etc.

SR ROJAS   Ahora entiendo. Pero otra cosa. ¿Es que algún aspecto de mi campaña de ventas tiene más importancia que los demás?

SR MARTÍNEZ   Sí, efectivamente, el servicio post-ventas. Si Vd. puede garantizar un amplio servicio post-ventas, mejor que el de la competencia, tendrá una ventaja enorme.

SR ROJAS   Pero, seguramente los precios tendrían mucho que ver con el resultado de la negociación.

SR MARTÍNEZ   Sí, es verdad. En el caso de que sus precios sean relativamente altos, servirá para contrarrestar la discrepancia; si, por el contrario, sus precios son relativamente bajos, el servicio post-ventas podrá resultar el factor decisivo en su favor. Es un aspecto que siempre vale la pena subrayar.

Teléfono: Ring . . . Ring . . . Ring. . . .

SR MARTÍNEZ   ¡Ah! Mi conferencia con Madrid. Bueno, vuelva a verme pasado mañana y podremos continuar. Dígame. . . .

Vocabulario
el enchufe   *use of 'contacts', 'pulling strings'*

Cuestionario

1 Las negociaciones contractuales son siempre prolongadas.
   ¿Qué puede hacer el representante para reducir este período de tiempo?

2 En las negociaciones contractuales es muy importante, para la preparación de su campaña de ventas, estudiar los productos y actividades de la competencia. ¿Por qué?

3 ¿Por qué sería un error entrever que Vd. ha tenido contactos personales con algún miembro de la junta?

4 Cuando el representante se encuentra enfrentado con una junta de compradores de experiencia variada y se le hace una pregunta para la que no tiene la contestación precisa, ¿qué debería hacer?

5 ¿Cuál sería el factor principal que podría influir en su preparación de las distintas etapas de las negociaciones contractuales?

Ejercicio de evaluación

Muchos países latinoamericanos se esfuerzan por crear una economía viable e invitan a empresas extranjeras a someter sus planes en competencia con otras en el mismo campo.

Vd. se encuentra en la fase preliminar de unas negociaciones contractuales. La comisión comprende delegados del gobierno, financieros y expertos técnicos. Los factores que van a considerar son los siguientes:

1   Cambios de tendencias comerciales
2   La estructura financiera
3   La provisión de materias primas
4   La mano de obra
5   Obreros calificados
6   La transportación de maquinaria

Discuta las preguntas que los miembros de la comisión van a hacerle sobre estos seis aspectos.

Caso

Una manera de entrar en un mercado latinoamericano es formar una compañía mixta allí en asociación con los agentes para fabricar o distribuir los productos británicos.

El representante de una compañía dedicada a la venta de herramientas de precisión y maquinaria de seguridad está a punto de finalizar una serie de negociaciones contractuales muy prolongadas. Está con el futuro director argentino de la compañía en Buenos Aires y discuten las implicaciones legales.

DIRECTOR ARGENTINO   Bueno, señor Arnold, ya sabe que hemos completado la mayor parte de los aspectos legales pero quedan varios puntos que tenemos que discutir.

SR ARNOLD   Sí, claro y quiero estar convencido de que el personal, que será enteramente argentino, sepa exactamente, aunque la mayoría de las acciones no son nuestras, que somos nosotros los productores y que Vds. tienen los derechos exclusivos.

DIR.ARG.   Esto se entiende muy bien, señor.

SR ARNOLD   Me alegro porque puede causar dificultades si no entienden la situación. Y ahora, me parece que hay algo que quiere explicarme.

DIR.ARG.   Sí, señor. Oficialmente Vds. han formado una compañía que nos va a ayudar a modernizar nuestra industria eléctrica. Pues bien, en esto no hay problema, pero tenemos que ponernos de acuerdo con las responsabilidades financieras.

SR ARNOLD   Según lo entiendo, y mi jefe me ha permitido tomar la decisión, nosotros producimos los bienes y se los vendemos a Vds. para revenderlos aqui, ¿no?

DIR.ARG.   Exactamente.

SR ARNOLD   Y tanto la promoción como la publicidad las pagamos nosotros.

DIR.ARG.   Eso sí.

SR ARNOLD   Y Vds. actúan de distribuidores en nombre de la casa.

DIR.ARG.   Sí, concretamente y además debe convenir en el sistema laboral nuestro. Naturalmente comprende una jornada de ocho horas, los seguros industriales apropiados y en caso de que haya una petición de aumento de salarios lo arreglamos por un convenio colectivo. ¿De acuerdo?

SR ARNOLD   Sí. Aquí tiene Vd. una lista de nuestras propuestas, según el grado de empleado, claro. No sé si le parece bien, pero créame, nos ha costado mucho trabajo producir estos resultados.

DIR.ARG.   Básicamente es razonable y la mano de obra disponible será suficiente. Pero el resto tendrá que esperar hasta que el asesor jurídico prepare los documentos. Así es que no hay nada más que hacer hoy y estamos libres.

SR ARNOLD   Entonces ya está, y muchas gracias. Y ahora si puede recomendarme un restaurante vamos a probar una de estas famosas asadas argentinas.

DIR.ARG.   ¡Si fueran tan fáciles todas las decisiones! Hay un sitio que conozco que le va a gustar y no está muy lejos. . .

Vocabulario
el asesor jurídico   *legal adviser*

Análisis del caso

A pesar del éxito de la entrevista he aquí varios puntos para considerar:

1   El director argentino indicó claramente que había varios puntos que discutir, y en seguida el representante empezó a enumerar una lista de sus propios problemas. Discuta el peligro de actuar así.

2   Al expresar una dificultad, 'pero, créame, nos ha costado mucho trabajo producir estos resultados' el exportador demostró una actitud insegura. Por lo tanto, a pesar de los resultados (a lo mejor excelentes) el argentino contesta casi negativamente–'Básicamente es razonable. . . .' Discuta las desventajas de tal comentario de la parte del representante.

Ejercicio de simulación

Basando su presentación en el ejercicio de evaluación de esta unidad, elijan a un ejecutivo de ventas británico que tiene que contestar a las preguntas del resto del grupo, o sea la comisión de financieros, delegados gubernamentales y expertos técnicos.

¡No olviden que por lo menos un miembro de la junta habrá sido influenciado a su favor!

Un informe

Escriba un informe a su jefe de ventas basado en el caso que acaba de oír. Siga la fórmula ya mencionada.

Glosario de términos relacionados

Los contratos:

el procedimiento de concesión	*contract-awarding procedure*
la oferta, la proposición	*tender, offer*
la obligación de sacar a concurso	*obligation to invite tenders*
la adjudicación	*the award of a contract*
la fecha de apertura de ofertas	*submission date*
el contrato de licencia	*licence agreement*

Las finanzas:

el mercado de capitales	*capital market*
los fondos, recursos, medios	*funds, means*
la inversión	*investment, capital expenditure*
sufrir una pérdida	*to incur a loss*
establecer, fundar, constituir	*to set up, establish*
asumir el riesgo de crédito	*to assume the credit risk*
garantizar los pagos	*to guarantee payment*
eliminar	*to offset*

Práctica

No hace falta mencionar los riesgos que va a correr una compañía inadecuadamente preparada para aceptar un contrato extranjero en gran escala. Preparen en grupos una proposición en nombre de su firma (en este caso una empresa de maquinaria de seguridad, especialistas en el campo de la industria textil). Hay dos competidores, de Estados Unidos y Alemania, y Vds. tienen que considerar las expresiones listadas para efectuar sus planes.

Unidad 13

Los agentes extranjeros

Introducción

Un aspecto muy importante en el campo exportador, y que emplean muy a menudo los fabricantes británicos, es conceder a un agente en el país importador el derecho a vender y distribuir sus productos. Para muchas empresas es un sistema que ofrece ventajas evidentes: los gastos son inferiores a los que serían ocasionados si el fabricante tuviese que mandar representantes desde Inglaterra; el agente conoce bien el país y en particular la región en donde trabaja y naturalmente puede dar consejos sobre la capacidad de su mercado. Pero, por otra parte, hay también inconvenientes, y uno de los más importantes es la falta de control directo sobre las ventas, porque si el agente tiene poco entusiasmo por su producto Vd. no podrá vender.

La mayoría de los agentes trabaja a comisión y frecuentemente está preparada para tener disponible una gama de las existencias en cuestión. Sin embargo es muy importante que el agente se familiarice con el producto, y un período de entrenamiento en Inglaterra, en ciertos casos incluso una visita a la fábrica, le dará un sentimiento de participación y esto a la larga suele compensar con creces. Desde luego en cuanto a los productos más sofisticados son esenciales los períodos de entrenamiento seguidos también por demostraciones regulares en el país extranjero.

Vocabulario
con creces *with interest*

Diálogo

SR MARTÍNEZ Ahora la última etapa, y tendrá que ser la última porque me dicen que va a dejarnos para trabajar como representante con nuestra compañía hermana en Brístol.

SR ROJAS Sí, me ofrecieron el puesto ayer y acepté en seguida. El sueldo es bueno y por supuesto que tendré que venir a Londres con mucha frecuencia.

SR MARTÍNEZ   Sí, y como sabe, va a pasar mucho tiempo fuera del país también visitando firmas, organizando la publicidad y manteniendo contacto con los agentes. Y esto de los agentes es lo que quiero discutir con Vd. hoy.

SR ROJAS   Sí, ya lo imaginaba, pero, dígame, existen varias clases de agentes, ¿no?

SR MARTÍNEZ   Sí, y la misión es la de localizar y seleccionar al mejor, porque aunque existen suficientes, varían tanto en habilidad como en el territorio que pueden cubrir con eficacia.

SR ROJAS   Sí, y supongo que la competencia también influye en la situación.

SR MARTÍNEZ   Tiene razón. En la misma proporción que aumenta la competencia en los mercados internacionales, disminuye el número de buenos agentes todavía disponibles. Por lo tanto Vd. tiene que localizarlos y, en la mayoría de los casos, aceptar el hecho de que van a vender otros productos además del suyo. Tener un agente exclusivo hoy en día no es del todo imposible, pero bastante raro.

SR ROJAS   Dada la escasez de buenos agentes, ¿ cómo puede uno localizar a los que son capaces de vender mis productos?

SR MARTÍNEZ   Espere un momento. Antes de empezar la búsqueda vale la pena precisar algunas ideas sobre el agente requerido.

SR ROJAS   ¿Qué quiere Vd. decir con esto?

SR MARTÍNEZ   Fíjese. En primer lugar hágase algunas preguntas sobre el producto y el agente porque Vd. tendrá que saber si necesita o no amplios conocimientos técnicos para vender el producto y poder ayudar a los clientes, si precisa un taller y un servicio técnico y, lo que decíamos antes, si puede cubrir el territorio con eficacia.

SR ROJAS   Ya lo veo.

SR MARTÍNEZ   Además. ¿De cuántos vendedores debería disponer? ¿Se halla el producto adecuadamente protegido en los mercados a los que Vd. intenta explotar? Mire, tiene Vd. que analizar y preparar cuidadosamente todos los detalles porque al nombrar a un agente tiene que estar preparado para todo lo que pueda tronar.

SR ROJAS   Sí, pero en vista de que escasean los buenos agentes y teniendo en cuenta que a lo mejor van a vender otros productos además del mío, tendré que asegurarme de que estos productos no rivalizan con los míos, ¿verdad?

SR MARTÍNEZ   Claro. Sea en Inglaterra o dondequiera Vd. tendrá que estudiar la competencia y sus métodos de venta. No debe olvidarla nunca.

SR ROJAS   Es una cosa que aprendí casi el primer día, ¿sabe? Pero considerando los aspectos financieros, como al agente se le paga una comisión, yo debería estudiar la capacidad del mercado con el fin de determinar el porcentaje apropiado, ¿verdad?

SR MARTÍNEZ   Sí, tiene razón. Primero tiene que estar seguro de que el agente es digno de confianza porque va a ser el representante personal de su firma. Luego, el contrato, porque es esencial establecer las condiciones, la zona de operaciones y la duración de la agencia, particularmente en cuanto al término del contrato.

SR ROJAS   ¿Y si el agente considera su comisión insuficiente?

SR MARTÍNEZ   Por supuesto que pondrá poco interés en vender el producto y concentrará sus esfuerzos en otros más rentables para él.

SR ROJAS   Por ello dice que es mejor nombrar a uno que no represente demasiados fabricantes, ¿verdad?

SR MARTÍNEZ   Claro, y además no podría prestar la atención necesaria a todos los productos de los cuales es agente.

SR ROJAS   Naturalmente. Bien, después de haber llevado a cabo este análisis, ¿cuál es el mejor método de localizar a los agentes que puedan interesarme?

SR MARTÍNEZ   Lo más importante es visitar el país en donde Vd. quiere vender, para hablar personalmente con los agentes que puedan interesarle. Es difícil juzgar sus cualidades, bien através de su correspondencia o de las recomendaciones de otros exportadores, y ya que va a representar sus intereses allí Vd. tiene que estar completamente convencido de que va a cumplir todos sus requisitos.

SR ROJAS   Y ¿qué organizaciones podrían ayudarme?

SR MARTÍNEZ   Podrá localizar a los agentes através de las Cámaras de Comercio, los Consulados, las Asociaciones Profesionales, los Bancos, y el Ministerio de Comercio Británico.

SR ROJAS   Me parece que se gastará mucho tiempo en esto. ¿Cree Vd. que vale tanto la pena?

SR MARTÍNEZ   Sí, señor, porque éste es otro aspecto muy importante de su campaña de venta.

SR ROJAS   Vd. quiere decir que podré apreciar sus circunstancias y su personalidad y ver directamente si sirve o no.

SR MARTÍNEZ   Sí. Vd. conocerá personalmente al futuro agente y tendrá la ocasión de inspeccionar su local. Verá también qué otros productos vende y se enterará del número de representantes de que dispone.

SR ROJAS   Me parece que en cuanto a los bienes de consumo en particular los servicios de un agente, con tal que sea eficaz, pueden proporcionar canales de distribución muy prósperos.

SR MARTÍNEZ   Desde luego, porque además de conocer a sus clientes puede organizar exposiciones y recomendar medidas para hacer frente a las actividades de los competidores. Sin embargo, si el agente no es competente, será un fracaso. Muchas firmas se quejan de haber perdido el número de ventas que esperaban y de que gastaron demasiado en una campaña de publicidad que no les benefició nada.

SR ROJAS   Ya comprendo, y con todas estas informaciones me será más fácil encontrar un buen agente.

SR MARTÍNEZ   Espero que sí, pero existe, sin embargo otro problema.

SR ROJAS   ¿Cuál es?

SR MARTÍNEZ   Hay que convencerle de que acepte la agencia.

SR ROJAS   Y eso, ¿cómo se consigue? ¿Con buenas comisiones?

SR MARTÍNEZ   Evidentemente le interesarán el porcentaje de comisión, la ayuda publicitaria, etc., pero el método más eficaz es que Vd. mismo obtenga unos cuantos pedidos y le ofrezca la comisión correspondiente para demostrarle que su producto se venderá bien.

SR ROJAS   Es una buena táctica.

SR MARTÍNEZ   Sí, es mucho mejor que hacerle meras promesas, ¿no?

SR ROJAS   Y luego, ¿todo lo que quedará por hacer es firmar el contrato?

SR MARTÍNEZ   Exactamente. Y ahora vamos a tomar algo.

SR ROJAS   Una buena idea, porque quiero darle las gracias por la ayuda y paciencia que me ha prestado durante estos meses.

Vocabulario
todo lo que pueda tronar   *for what may happen*

Cuestionario

1   ¿Por qué cree Vd. que un agente puede traer tantas ventajas a una firma pequeña?

2   Si las ventas de sus productos efectuadas atravées de un agente determinado disminuyeran alarmantemente, ¿cuáles podrían ser las razones?

3   Siendo el agente el representante personal del exportador, ¿cómo se puede garantizar la máxima cooperación?

4   ¿Por qué es tan importante visitar personalmente al futuro agente?

5   Hágase una relación de los puntos que se deben estudiar antes de ir a la búsqueda de un agente.

6   Enumere las responsabilidades de un agente.

7   Al preparar el contrato, ¿cuáles son los puntos más importantes que debe incluir?

8   ¿Cuál es la diferencia entre las operaciones de un agente en un mercado abierto y las de uno en un mercado cerrado?

Ejercicio de evaluación

1   Lea de nuevo el diálogo de esta unidad y discuta las ventajas y los inconvenientes de emplear a un agente extranjero. Exprese también sus propias opiniones.

2   a. Un contrato por escrito es imprescindible al nombrar a un agente.
    b. Tal contrato falta flexibilidad.
    Discuta los pros y los contras de estos puntos de vista.

Caso 1

El representante vende productos dentales en España. Visita a un importador en Madrid con miras a ofrecerle la representación de sus artículos. Habiendo pensado que el proyecto sería interesante para ambas partes, empiezan a hablar de la zona comercial.

IMPORTADOR   Claro, en el caso de que yo venda sus productos, Vds. tendrían que concederme la exclusiva para toda España.

REPRESENTANTE   Pero, dígame, ¿de cuántos representantes dispone Vd.?

IMPORTADOR   Soy yo mismo quien me encargo de las ventas. Como Vd. sabe, en este ramo hay que tener contactos personales. Algunos amigos míos están muy bien colocados en las escuelas odontológicas, y el que ellos den su aprobación a un producto, ayuda muchísimo. Esto es muy importante en nuestro país.

REPRESENTANTE   ¿Es que Vd. vende ya en toda España?

IMPORTADOR   ¡Oh sí! Tenía la representación de la marca Fenton, pero ellos me traicionaron. Vendieron a un competidor mío en Barcelona, sin decirme nada. Naturalmente yo me negué a trabajar más con ellos. Acepto solamente la exclusiva.

REPRESENTANTE   ¿Vd. vende mucho en Barcelona?

IMPORTADOR   Desde luego. Tengo una oficina aquí y otra en Barcelona. Divido mi tiempo entre las dos. Pero, dígame, en lo que concierne el pago. . . .

Análisis del caso

1   ¿Cree Vd. que este importador podría vender en toda España?
2   El importador explica que no dispone de representantes porque tiene un sistema de ventas personal. ¿Cómo podría Vd. criticar esta respuesta?
3   ¿Por qué piensa Vd. que Fenton vendió a un competidor en Barcelona?

Ejercicio de simulación: Seleccionar a un agente

1   Elijan a un agente español o latinoamericano.
2   Elijan a un ejecutivo de ventas británico.
3   El agente se entrevista con el ejecutivo.
    Los puntos siguientes han de introducirse:
    experiencia general
    zona de operaciones
    control
    familiarización con el producto
    entrenamiento
    publicidad
    competencia
    cómo pagarle
    duración de agencia
    referencias
    conocimiento de los competidores
    publicidad
    Antes de empezar hay que escoger el producto y definir los objetivos.

Encuesta

Discuta el éxito o no de la entrevista.

Caso 2

El temperamento latinoamericano y la manera de negociar, muchas veces de un nivel personal, y la tendencia de implicar en vez de declarar directamente significa que el representante tiene que interpretar el verdadero intento del cliente.

Varias firmas se han establecido en la América Latina por haber empleado a un agente local.

Escuche ahora la entrevista siguiente entre un agente mejicano y un representante británico.

REP. BRIT. Buenas tardes.

AGENTE MEJ. Encantado de verle, señor Collins.

REP. BRIT. ¿Cómo está Vd.?

AGENTE MEJ. Muy bien gracias. Pero siéntese por favor. Dígame, ¿ha tenido tiempo todavía para visitar nuestros sitios turísticos?

REP. BRIT. No, todavía no, pero antes de volver a Inglaterra me he prometido un par de días para ver todo lo que pueda. Y ahora vamos al negocio, ¿eh?

AGENTE MEJ. ¿Cómo no? Pues el otro día cuando me dejó ese montón de papeles me puse inmediatamente en contacto con las autoridades pero, como sabe, aquí la documentación es muy complicada y hasta ahora, pues paciencia, ¿eh? Todavía es temprano y a fines de esta semana sabremos algo.

REP. BRIT. Pero, ¿seguro que podemos empezar con la publicidad?

AGENTE MEJ. Eso sí. Aquí no hay problema pero, oiga. He estudiado la situación y me parece que hay dos o tres soluciones. Nos hacen falta instrumentos científicos. ¿Un cigarro, señor?

REP. BRIT. Gracias.

AGENTE MEJ. No sé si le gusta este tabaco. Es fuerte, ¿eh? Pues estos instrumentos suyos, son buenos y conocemos su compañía aquí pero, ¿qué le parece si empezamos con anuncios en las revistas técnicas? Podemos concentrarnos en las cinco más apropiadas.

REP. BRIT. Va a resultar muy caro, ¿no?

AGENTE MEJ. Esto es relativo. Si quiere vender tiene que comprar primero, ¿no?

REP. BRIT. Entendido, pero. . . .

AGENTE MEJ. No se preocupe, yo conozco a un señor que toma parte en todos los asuntos y él, vaya, lo maneja todo, completamente.

REP. BRIT. Y, ¿cuánto nos va a costar?

AGENTE MEJ. Oh, mucho más barato que la televisión o la prensa y muy eficaz también.

REP. BRIT. Entonces, decidido.

AGENTE MEJ. Bueno, de acuerdo.

REP. BRIT. Ahora, esto de establecer una compañía distribuidora. . . .

AGENTE MEJ. Me permite interrumpir, señor Collins. Primero tendremos que hablar con mi amigo porque es un proceso muy largo y ya he indicado, ¿no? que la documentación y las regulaciones son difíciles. Nosotros podemos ayudarle y esto se va a arreglar, pero no olvide que Dios no creó la tierra en un día, ¿eh?

Análisis del caso

Puede que el caso que acaba de oír haya tenido éxito, igualmente puede que haya fracasado. Todo depende de la competencia del agente.

1   Analice las razones a favor y en contra de estas suposiciones.
2   Suponiendo que haya tenido éxito, ¿qué acciones debe tomar el representante para preparar la próxima etapa?
3   Suponiendo que haya fracasado explique lo que haría Vd. si fuese el representante.

Un informe

Escriba un informe detallado a la división de ventas de su firma basado en el caso que acaba de oír. Hay que suponer que el resultado es incierto y por tanto haga una lista de recomendaciones apropiadas.

Ejercicio de simulación

1   Elijan a un representante y a un agente.
2   En grupos preparen la entrevista así:
    a. El ejecutivo representa a una firma dedicada a la producción y venta de maquinaria agrícola.
    b. La firma necesita publicidad y quiere establecer una compañía distribuidora.
    c. El bufete González está encargado de los aspectos legales.
    d. Toda la documentación ha sido preparada.
    e. Ha habido un retraso considerable con los negocios.
3   El agente hace todo lo posible para evitar las preguntas directas y anda con rodeos sin querer comprometerse.
4   El ejecutivo está impaciente y debe servirse de todas las tácticas posibles para conseguir su meta.

Encuesta

Discutan las tácticas empleadas.

Glosario de términos relacionados

Las filiales extranjeras:

el poder de cobro del agente	*agent's authority to collect payments*
los canales de exportación en el extranjero	*distribution channels abroad*
la filial de exportación	*export subsidiary*
la fábrica de montaje	*assembly plant*
la fabricación en licencia	*manufacturing under licence*
cobrar los créditos pendientes	*to collect outstanding accounts*
conceder una licencia a una casa extranjera	*to grant a licence to a foreign company*
la duración de la licencia	*the term of the licence*
conceder la representación	*to appoint an agency*

La documentación:

los documentos de exportación	*export documents*
los documentos de embarque	*shipping documents*
los documentos aduaneros	*customs documents*
el cobro contra documentos	*collection against documents*
el suplemento del flete	*extra freight, surcharge*
el conocimiento	*bill of lading*
los documentos contra aceptación	*documents against acceptance*
las restricciones de divisas	*foreign exchange restrictions*

Práctica

En el caso de nombrar a un agente extranjero puede que se responsabilice de la distribución, la venta o incluso las dos funciones además de ciertas partes de la documentación. Seleccionando los términos apropiados de esta unidad suponga que acabe de volver a Inglaterra después de hacer un estudio exploratorio del mercado en cuestión y que recomiende a su jefe la función más apropiada al nombrar a un agente allí.

Una lista para su cartera

Impromptu visits

1 *As you must appreciate I wanted to make full use of my time and so didn't want to return without making a courtesy call on Mr. . . .*
   Pues, como entiende, quise aprovechar el tiempo y por eso no quise volver sin saludar al Sr. . . .

2 *I do realize that normally it's impossible without making an appointment, but I'm only in the area for the one day. . . .*
   Ya sé que normalmente es imposible sin una cita previa, pero me quedo solamente un día aquí. . . .

3 *If I had been able to write before, of course I would have got in touch with you, but with just 48 hours it was unfortunately impossible.*
   Si hubiera podido escribir antes claro que me habría puesto en contacto con Vds. pero con cuarenta y ocho horas peladas no me fue posible.

4 *I've only just arrived from . . . and consequently my time is very limited, but I was determined to come and visit you.*
   Es que acabo de llegar de . . . y claro que mi tiempo es muy limitado, pero me hice el firme propósito de visitarles a Vds.

5 *If this were a normal situation I certainly wouldn't try and ask for an interview without getting permission beforehand.*
   Si se tratara de un caso normal no me atrevería a pedir una entrevista sin haber solicitado permiso antes.

With the buyer's assistant

1 *We are introducing on to the market a new range of . . . and I should like to show the purchasing manager our new series.*
   Estamos intoduciendo en el mercado una nueva gama de . . . y quisiera presentar al jefe de compras nuestra nueva serie.

2 *We can fully guarantee that this cheaper model works perfectly well.*
   Podemos garantizar el excelente funcionamiento de este modelo más barato.

3 *The prices are very reasonable and vary according to the type of model and, of course, it's a very advanced design.*
   Los precios son muy razonables y varían según el modelo, y claro, es de un diseño muy avanzado.

4 *Our deliveries are very quick, about three weeks from the date we receive the order.*
   Nuestras entregas son muy rápidas, alrededor de tres semanas desde la fecha en que recibimos el pedido.

5 *I already have an appointment for four o'clock but under the circumstances I should prefer to postpone it.*
   Ya tengo una cita para las cuatro pero en este caso preferiría aplazarla.

Meeting the buyer

1 *I am grateful to you for having agreed to this interview.*
Le agradezco que me haya concedido esta entrevista.

2 *I believe we recently sent you the latest brochures of our products and a price list giving the appropriate discounts.*
Creo que le mandamos hace poco los últimos folletos de nuestros productos y la lista de precios dando los descuentos apropiados.

3 *It's good to see that your point of view agrees with our production policy.*
Me agrada saber que su punto de vista está conforme con la política de nuestra producción.

4 *The general features are acceptable to every type of client and no doubt your experience will confirm our market research.*
Las características son apropiadas para cualquier cliente y sin duda su experiencia confimará nuestro estudio del mercado.

5 *According to our market research this particular range is one that will sell exceptionally well.*
Según nuestro estudio del mercado esta gama es la que tenga mayor éxito de venta.

Prices and the buyer

1 *Of course there are cheaper models but this one is specially designed for. . . .*
Claro que hay modelos más baratos pero éste está diseñado para. . . .

2 *They are certainly not cheap, but we can reduce the price a lot according to the amount bought.*
Ciertamente no son baratos, pero podemos reducir el costo considerablemente según la cantidad que se compra.

3 *With such a large turnover we are able to give you a considerable discount.*
Con un giro de negocios tan grande podemos favorecerle con un descuento considerable.

4 *Normally the wholesale price is . . . but when we are dealing with clients who are prepared to make large orders we can reduce prices even more.*
Normalmente el precio al por mayor es . . . pero cuando negociamos con clientes dispuestos a hacer pedidos globales aun podemos reducir más los precios.

5 *And as you see our goods are guaranteed for a period of six months from the time the contract is signed.*
Y como ve los productos están garantizados por un plazo de seis meses a partir de la fecha de la conclusión del contrato de venta.

Dealing with criticism

1 *The policy of my company is to do everything possible to satisfy our clients.*
   La política de mi empresa es tal que hacemos todo lo posible para satisfacer a nuestros clientes.

2 *If it's alright with you I'll mention your criticism to the production manager.*
   Si le parece bien, su crítica la puedo mencionar al director de producción.

3 *We are trying to get over this problem of spares and have just taken on an agent to cover this area.*
   Procuramos facilitar el problema de repuestos y acabamos de contratar un concesionario para la región.

4 *It's not just a case of selling the product itself but the after-sales service as well.*
   No se trata de vender el producto solo, sino el servicio post-ventas también.

5 *We are very proud of the fact that our products are always top quality and to maintain that situation the directors insist on a full inspection of all goods before they leave the factory.*
   Estamos orgullosos de que nuestros productos sean siempre de primera calidad y para que esto se mantenga los directores insisten en una inspección completa de las mercancías antes de que salgan de la fábrica.

Dealing with complaints

1 *Señor . . . I am extremely sorry, but I had no idea how serious the problem was.*
   Señor . . . . lo siento mucho, pero no tenía ninguna idea de la gravedad del problema.

2 *There must be an answer and I'll do everything I can to put things right.*
   Debe de haber una solución y voy a hacer todo lo que pueda para remediarlo.

3 *I've just received the information and they say they are going to deliver the parts concerned within the week.*
   Acabo de recibir la información y dicen que van a entregarle las piezas necesarias dentro de una semana.

4 *How would you feel if we prepared a publicity campaign using photos of your company?*
   ¿Qué le parece si preparamos una campaña de publicidad usando fotos de su compañía?

5 *And to compensate you for all the difficulties you've had if you make another order I'll have a word with my manager to see if we can make you a special discount.*
   Y para compensarle por sus dificultades, en el caso de hacer un nuevo pedido hablaré con mi jefe a ver si podemos hacerle un descuento especial.

Dealing with objections

1   *It's just not possible for us to meet the ever-increasing demand and so our sales policy is based on supplying one store only in all the major cities.*
No nos es posible cumplir con las demandas que aumentan sin cesar y así es que nuestra política de ventas está basada en proveer a un solo almacén en todas las grandes ciudades.

2   *I'm the first to admit that it's very annoying, but with the present situation in our company we just can't keep pace with the demand for our products.*
Soy el primero en admitir que es muy desconcertante, pero con la situación actual de nuestra firma es que no podemos ajustarnos al paso de la demanda de nuestros productos.

3   *I can assure you that in the other cities our clients are completely satisfied with our products although they do complain that their supplies are inadequate.*
Le aseguro que en las demás ciudades nuestros clientes están del todo satisfechos con nuestros productos aunque se quejan de que les faltan suficientes existencias.

4   *Normally it's an extra, but as this is your first order we can arrange it for you as a token of our good intentions and perhaps you'd like us to deliver it to you with the sample order.*
Normalmente es extra, pero siendo su primer pedido podemos hacérselo como señal de nuestra buena disposición y quizás le gustaría que se lo entregáramos con el pedido de prueba.

5   *But don't forget that it's the retail price.*
Pero no olvide que el precio es al por menor.

The sale

1   *Consequently it's in your own interest not to reduce the delivery time which is essential for us to test the equipment.*
Por ello va en su propio interés no reducir el plazo de entrega que nos es necesario para una inspección de los productos.

2   *As it's your first order I'll do everything I can to get you a delivery within two months, but of course I can't promise.*
Como es su primer pedido haré todo lo que pueda para que Vd. obtenga un plazo de entrega de dos meses, pero no puedo prometérselo.

3   *Don't worry. What we usually do in such a case to get over the problem is to arrange a loan through our bank.*
No se preocupe. Lo que solemos hacer en tal caso para resolver el problema es conceder un préstamo por medio de nuestro banco.

4   *In fact it's a deposit subject to an agreed term of notice until such time as you have the money available.*
Efectivamente es un depósito con plazo de preaviso hasta que Vd. tenga disponible el dinero necesario.

5   *This series has been very successful in many countries and we are introducing it here for the first time.*
Esta marca que ha tenido gran éxito en muchos países, la estamos introduciendo por primera vez aquí.